大道向前行 II

宗教祝聖儀軌

中華玉線玄門真宗教會教尊　陳桂興　總召
淡江大學教授　張家麟　編撰

目次 Contents

點將 1：宗教領袖對談

玄門真宗
教尊 玄興

真佛宗密教總會
秘書長 王醴

天德聖教
毛帝勝博士

臺灣省道教會
副理事長
林明華

高雄意誠堂
主委 洪榮豐

中國儒道研究協
名譽副理事長 王

玄紗宮
宮主 紗慧

基隆代天宮
委員 周書翔

大溪聖方濟天主
靈修中心主任 黃

天德聖教
董事長 胡萬新

山達基教會
高雄機構
公關科長彭玉玲

天道總會
秘書長 丁明泉

拱北殿
副總幹事陸淑雅

昊元仙宗
理事長 江台安

猴硐應妙壇
道長 潘政鵬

太平洋日報
社長 張寶樂

理教
總執行長胡文中

獅山勸化堂
董事長 黃錦源

統一家庭黨主席
許惠珍

三芝智成堂
正鸞 葉雲清

慈德慈惠堂
堂主 陳瑞寶

明聖經協會
理事長 黃國彰

基隆代天宮
常務委員黃禎祥

宇宙大愛文教基金
執行長 王派滄

玄鈔展望慈善協會
理事 劉家孟

中華龍華易研書
道協會理事長
劉騫

覆靈宮
副主委 羅進興

大潭保安宮
總幹事 蘇榮利

中華關公信仰
研究學會
理事長 蔡秋生

中華關公信仰
研究學會
副會長 陳芊妘

中華關公信仰
研究學會
副會長 陳裕昌

點將 2：名家點評

主講　台中教育大學國際企業學系教授　龔昶元

經歷　台中教育大學國際企業學系主任

　　　TTQS 評核委員、玄門真宗學術顧問

學術　企業概論、行銷管理、策略管理

主講　淡江大學教授　張家麟

經歷　台灣宗教學會理事長

　　　台北市市政與宗教顧問

學術　宗教社會學、華人民間宗教、宗教比較學

主講　政治大學宗教研究所教授　謝世維

經歷　華人宗教研究中心主任

　　　台灣宗教學會理事

學術　中國道教、民間宗教、佛道交涉、佛道藝術

主講　逢甲大學歷史與文物研究所教授　王志宇

經歷　台灣古文書學會理事長

　　　台灣古文書會刊總編輯

學術　台灣史、民間宗教、地方學與地方文化

主講　政治大學中國文學系教授　高莉芬

經歷　華人宗教研究中心主任

學術　神話學、文學人類學、道教神話、民間宗教

主講　前銘傳大學通識教育中心副教授　劉久清

經歷　宗教哲學季刊總編輯

學術　社會科學的哲學、社會會哲學、宗教哲學

主講　政治大學國家發展研究所副教授　彭立忠

經歷　宗教哲學季刊編輯

學術　儒家學說、質性研究法、台灣政治研究

主講　警察專科學校海巡科副教授　沈明昌

經歷　宗教哲學社理事長

學術　宗教管理學、天帝教神學

主講　警察專科學校通識教育中心副教授　李智平

經歷　宗教哲學社秘書長

　　　輔仁大學中國文學系兼任副教授

學術　宋明理學、道教哲學、學術史

開鑼：致歡迎詞式

玄門真宗教尊 玄興

今天學術論壇的主持人張家麟張教授，線上的各位與談專家學者教授，線上各宗教、各宮廟堂主事、宗教前輩和我們線上的好朋友，大家好！

經歷這兩年多來全球 COVID-19 的洗禮，正式進入到後疫情時代。帶給我們生活上很多重大的改變，尤其今年俄烏戰爭一啟，更讓全球經濟通膨加速。致使人民對於未來的趨勢變化深感茫然不安，惶惶不知所措。

各宗教在此一時刻，應本著救贖眾生的誓願與慈悲心，將諸聖先賢所傳承聖示的教義精神，引領眾生省思大道向前行的真實道理，並運用現代化管理工具來弘揚宗教大道，讓生活有所依循，得到安定民心之目的。

今年（2022）中華玉線玄門真宗教會再度與張家麟教授－台灣宗教與社會協會攜手合作，延續去年的主題，再度以線上論道的方式呈現，在關聖帝君聖誕前夕，規劃《2022 大道向前行 II－宗教祝聖》學術研討、線上直播及現場參讚展演、座談。

以各宗教祝聖為題，廣邀各宗教學者、專家、宮廟堂主事者、前輩，一起上線研討以祝聖儀式、祝聖原因、祝聖效果、祝聖與現代社會的省思四個面向。並發表精闢論述，同時也會將線上的論壇文字刊印出版，以饗宴門徒、信眾及線上的好朋友們。

我們也希望在玄靈高上帝關聖帝君祝壽科儀期間，除了探討祝聖儀軌的真實義理外，更期待能深化廟學對話。各宮院堂都能與時俱進，善用現代科技工具，彙集刊印書籍來弘揚聖

道。以文相交、以書會友。

最後在恩主祝壽的神聖科儀中，藉由論壇舉辦，解析先天大道。也願在諸天聖神仙佛慈悲庇佑之下，讓全球民眾盡快度過疫情的苦難，恢復正常士農工商的生活，人民安居樂業。

也感謝今天參與的各領域專家學者、各宮院堂執事、前輩的全程參與，祝福我們今天一切圓滿順利，謝謝大家！

另外，玄門真宗非常榮幸來舉辦這樣的活動，以各宗教的祝聖儀軌來作為學術研討。宗教的祝聖儀軌，可以說是所有宗教的最重要活動。所以我們希望關聖帝君的聖壽期間，以這樣一個宗教非常重視的祝聖儀軌，來與大家共同討論。

我們有連續 4 天的活動線上學術論壇，最後在 7 月 17 日星期天，在彰化玄門山舉行現場祝聖科儀展演及實體學術論壇。

玄門真宗　陳桂興

建立模式：為關帝祝聖

玄門真宗學術顧問 龔昶元教授

這一次玄門真宗會關聖帝君的祝聖儀式，最重要的就是要達到深化廟學對話。同時透過廣邀專家學者、各方賢達、宗教界來深入探討儀軌過程，提出儀軌的版本，最主要是要建立一個標準的典範。

這典範，提供各方大德，能夠更深入了解到，我們為什麼要做這樣的儀式？此儀式能夠更深入的探討關聖帝君核心的要義－仁、義、禮、智、信五常德，及對於我們信眾的影響。

我們在「仁」的部分，就是要讓身體健康。在「義」的部分，就是要人際關係良好。在「禮」的部分，就是要讓我們的家庭經營能夠順遂。在「智」的部分，就是讓我們的一個企業事業經營能夠有益眾生。

在這基礎上，希望此次會議能達到該有之功效，能朝向大道前行，能夠很順利的圓滿成功。也讓更多的信眾、更多人能夠了解到關聖帝君的核心要義。讓我們能夠有更好的儀軌，來加以示範，也讓各界有所遵循。

這是玄門真宗最重要的使命跟任務，再一次歡迎各位大德，能夠熱烈的參與。讓大家一起來探討，把學術、理論以及實務上面結合起來，讓我們的關聖帝君的神諭及要義，能夠發揚光大。謝謝各位。

台中教育大學教授
玄門真宗學術顧問

宗教祝聖：2022《大道向前行 II》開幕

台灣宗教與社會協會理事長　張家麟

疫情橫行下，修道不止者；大道持續向前。

酷暑之際，瘟疫猶烈。熱情歡迎您參與「大道向前行 II- 宗教祝聖」線上、實體主題討論及觀摩展演。只要踏實的「活在當下」，即是「修行大道」；如您又有精進、收穫，便是「共證大道」！

事實上，我私下頗為敬佩：去歲（2021）5-7 月，當 COVID-19 病毒衝擊寶島，各宗教寺廟、道場停止宗教活動，奄奄一息之際。玄門真宗玄興教尊排除萬難，召集廟學兩界精英，在線上集思廣益《大道向前行－後疫情時代宗教的回應》會議。

會後，並委託本協會結集成一精彩、疫情期間的「修行手冊」，作為關聖帝君聖誕之賀禮。

今夏（2022），變種病毒依舊猖獗肆虐台灣。我個人再度見到玄門真宗教尊的魄力，劍及履及之靈活性、尊重學術及修道之堅持性格。他決定再續去年線上開學術會議的經驗，請我共同召集本會。短期內，現在已得到廟、學兩界精英熱烈回應，首肯共襄盛舉。

今日，換以「宗教祝聖」為主題，我們邀請到跨校際優質教授卡司團、跨宗教宮廟領袖。大夥預計在 7/12-15 下午 2-4 時，連續 4 場「上線討論」。7/17，在彰化花壇本山，全天作各宗派的「祝聖展演&觀摩」，下午 2-4 時，由教授群作「實體論壇」。

用此一連串深刻的「線上座談」及「實體展演、觀摩、論壇」；未來再由大功德主－玄門真宗付梓，刊行 2022《大道向前行 II- 宗教祝聖》一書；作為慶

祝關聖帝君 1863 歲聖誕快樂之禮。

我長期以為，讓廟、學兩界菁英，群聚線上或到各宗廟、道場「論學問道」，是非常有意義的交流。它無論是對厚實未來聖鸞學術基礎，或是對宮廟操作祝聖科儀，將起重大的作用。

因此，當玄門真宗教尊再次熱情邀約時，後學不揣淺陋，立馬承擔規劃會議之責。為了深化、聚焦討論「宗教祝聖」主題，我設計了一天 1 場，五天 5 場的專家座談子題。

我想從下列五個面向，委請大家貢獻睿智、高見，共同深入剖析：

第一場，如何慶祝神明（關帝）聖誕？

第二場，為什麼要為神明（關帝）辦理聖壽科儀？

第三場，神明（關帝）祝聖有那些功能？

第四場，現代社會下，神明（關帝）祝聖的省思？

第五場，觀摩‧分析‧綜整：祝聖儀典之比較？

最後，我估計，在每一場次的子題下，尚有 5-6 個細題，應該可以得到諸多的迴響、反思。而且，在廟學菁英眾志成城下，應該可以作出一優質的「模型」建議。

即在現代社會下，逢關聖帝君聖誕時，能為以關帝為主神之宮廟、教派、道場，建構具「典範性」、「神聖性」、「精緻性」、「制度性」理想祝聖科儀之「參考範式」。

而這一切功德，應該歸之於玄門真宗教尊及其團隊、信徒。這一切成果，全部呈獻給玄靈高玉皇大天尊－關聖帝君及三教眾神祇。並祝恩主公聖誕快樂，萬壽無疆！

台灣宗教與社會協會
淡江大學教授　張家麟

Part1
生日快樂：
如何為關帝及眾神祝聖？

官民兩軌 ・ 三獻儀典
釋奠大禮 ・ 廟會迓神

Part 1-1 名家點評：如何為關帝及眾神祝聖

讚美‧感念‧浴佛：祝聖

台灣宗教與社會協會理事長 張家麟

莫罕默德、佛陀、耶穌聖像（翻攝自網路）

　　全球基督宗教、伊斯蘭教、佛教等主要傳統宗教信徒，用什麼方式為其「教主」祝聖？事實上，各教並不一致，各有其特殊的慶祝方式。

　　以信徒人口數排名全球第一的基督宗教來說，其慶祝教主－耶穌聖誕，規模最大、影響力最鉅；可謂「普世歡騰」，共慶聖誕。基督徒在前一天，12 月 24 日晚上－平安夜，類似華人的「除夕」，就開始慶祝。隔天聖誕節，洋人就歡天喜地的過年。

　　平安夜裏，他們扶老攜幼來到教堂，互報佳音，慶祝耶穌降生。新教教徒作讚美神的「禮拜」，請牧師講道，訴說伯利恆馬廄誕生了天父上帝之人子。天主

教徒則參加天主堂的「望彌撒」，神父講述聖母瑪利亞、耶穌的故事，祝耶穌聖誕。

在神職人員講道前後，穿插聖歌隊優美的聖歌讚頌天父賜耶穌給萬民；會眾也會同聲唱頌。由神父、牧師帶領讀《聖經》章節及讀讚美詩，並祈禱神賜福。結束前，彼此互報佳音，祝賀聖誕快樂。

甚至還有平安夜裏，聖誕老公公搭乘麋鹿拉的雪橇，四處送禮物的神話。而在西方基督教資本主義國家經濟力強大後，聖誕節也隨之商業化。現在，全球約2/3主要國家的大城市、百貨公司、店家、人民，皆佈置聖誕樹，歡度此佳節。

信徒數排名全球第二的伊斯蘭教、回教，祝賀教主聖誕，就稍為簡單些。

其穆斯林或回民維持依伊斯蘭曆 3 月 12 日或 3 月 17 日祝賀先知－穆罕默德的聖誕。他們稱其為聖紀節（阿拉伯語：المولد النبي, al-Mawlid an-Nabī），在此日慶祝其誕生。

他們從住家來到了清真寺，只有聆聽阿訇講道，並未作讚美禮拜。教長常根據《古蘭經》，說穆罕默德故事及祂的生平事蹟、典範給穆斯林聽。會後大夥於寺外歡聚，享受食物；這有點類似漢人祀神之後的「食福會」。

天主教教以制度性彌撒儀式慶祝耶穌聖誕（翻攝自網路）

至於列第六名的佛教，其教徒祝賀教主聖誕，又大不相同。

全球各地佛教徒受中國佛教、南傳佛教，分別擇農曆4月8日或4月15日，以「浴佛」、「花供」、「燃燈」、「獻果」、「供僧」、「供舍利」等方式，慶祝祂的誕生。

信徒來到佛寺，向「一手指天、一手指地」的小悉達多王子浴身及頂禮。結束後，唱吟〈偈頌〉：

我今灌沐諸如來，淨智莊嚴功德真；
五濁眾生離塵垢，速証如來淨法身。

此偈語在說：信徒以水浴澆佛身之後，遠離世俗的五濁。參加浴佛法會，得以快速的擁有莊嚴及功德，又像如來佛祖在菩提樹下得證道，看淡人世間的生老病死的智慧法身。

綜看這三大宗教，耶、回兩教的唯一最高神上帝或阿拉，因為祂是造物主，故沒有形象，也沒有聖誕。不像華人道教、儒教，對最高神之「炁」、「天」給予擬人化後，賦予祝聖。

反之，耶、回兩教只對具真實的歷史人物的創教教主、先知，為其生日是祝聖。至於佛教，佛陀既是創教之教主；涅槃後且被信徒拱成最高神－佛祖。故世人在佛誕、浴佛節、灌佛會，慶祝祂生日快樂。

伊斯蘭教用作禮拜儀式、講道、食福會，慶祝莫罕默德聖誕

關帝聖誕與關帝醮科

政治大學教授　謝世維

礁溪協天廟辦理慶成醮典

　　道教的醮典，是一種功德，儀式的功能就是創造功德，作為獻給神明的一種禮物，在田野當中我們常常可以看到神明透過扶鸞或者是降乩，表達要作醮典的意願，甚至有些地方神明指定道士人選。因而地方上的廟方委員必須圓滿神明的意願，為神明作醮典，來獻給神明，事實上也是廟方委員的力量展現。在儀式空間當中，地方神明的位置常常被安放在與三清相對的位置，這不僅是宇宙空間有關先天與後天的陰陽對位關係，地方神明也是整個道教科儀的見證者與接受者。

　　因此在神明聖誕之時，我們常常看到以醮典來獻給神明，儀式型態不一，確實「醮」是地方宗教儀式的一種常見型態[1]。　醮典是道教祭典中，科儀最隆重的，

1　當代所見道教的儀式框架遠比我們想像的要複雜，通過田野的考察，所謂的「道教」儀式框架，已不僅限在道教的範疇之內，地方的釋教，或者稱為民間佛教，乃至地方的宗教科儀傳統，諸如阿吒力教、瑤族的科儀、普庵教、瑜伽教等等，皆部分套用這些「道教」儀式框架。譚偉倫觀察到醮典由不同儀式專家主持的現象。例如在福建汀州府永定縣大溪鄉的太平清醮，醮是由和尚來進行，並稱為「佛醮」，參見翁鼎山，〈永定縣大溪鄉的太平清醮〉，頁31-52。在福建中西部的將樂縣大桃村，醮是由尼姑主持，鍾晉蘭，〈將樂縣古鏞鎮大桃村民俗調查〉，頁273-319。在廣東東北方的紫金縣琴江流域，醮是由儒、道、佛三家一起主持的。參見張杰，〈紫金縣琴江流域民俗〉，頁442-460。贛南瑞金縣的醮也是由佛、道兩家共同主持。參見鍾蔚倫，〈瑞金廟會大觀〉，頁241-251。

規模也最盛大。所謂的「醮」就是祭神的意思，其原初目的，在於人民對神明的庇佑表示感謝或祈求平安而舉行的隆重祭典，《昭明文選》云：「醮諸神，禮太乙」，《隋書》：「夜中於星辰之下，陳放酒脯、餅餌、幣物，歷祀天皇、太乙，祀五星列宿，為書如上章之儀以奏之，名之為醮」，此後道教的科儀就結合齋與醮，而稱「齋醮」。

甚至，我們可以看到專為神明量身訂做的「醮科」。在湖北麻城於清代之時，曾為諸神設計各種醮科，在神明聖誕之時，可以舉辦為該神明量身訂做的醮科，因此，在湖北麻城，我們可以看到蠶母醮、龍王醮、城隍醮、土地醮、社令醮、化主醮、楊泗醮、魯班醮、藥王醮、老郎醮、東嶽醮、羅祖醮等等。這些醮典常常在該神明聖誕之時，請道士舉辦該神明的醮科，作為神明祝壽的儀式。

為什麼道教的醮典會在民間的神祠信仰當中去實踐呢？這讓我們思考道教儀式在地方宗教的位置。施舟人（Kristofer Schipper）從道教的觀點指出晚唐道教儀式已融入民間祭祀活動，而民間祭祀採行道教儀式主要是在表達其冀求向上提昇的企圖而已[2]。施舟人認為在鄉村醮儀中，民間所信奉的地方神明是從屬於儀式專家之道教的天界神明[3]。韓明士（Robert Hymes）注意到中國的神明並非全是天界官僚，他提出兩種人與神的互動模式，即「官僚階層模式」（Bureaucratic

model）與「個人性模式」（Personal model）[4]。二者雖相互分離，各有其獨特元

2 Kristofer M. Schipper, "Taoist Ritual and the Local Cults of the T'ang Dynasty", pp. 812-824.

3 Kristofer Schipper, "The Written Memorial in Taoist Ceremonies", pp. 309-324.

4 Robert Hymes, Way and Byway: Taoism, Local Religion and Models of Divinity in Sung and Modern China. 韓明士著、皮慶生譯，《道與庶道：宋代以來的道教、民間信仰和神靈模式》。

素，在實踐層面卻常常彼此交織。
「官僚階層模式」的神明是具有
多層級的官僚，人與神明之間的
互動，需經過中介，由儀式專家
為神明與人間做連結，而神明與
特定區域信眾的關係處於暫時
性。「個人性模式」當中神與人
之間或神明之間，是處於一種雙
邊性的（dyadic）的關係，人與神明之間的互
動，相對而言較為直接，產生一種個人關係；
地方神與區域信眾則是處於一種「內在性」的
關係，因此有著持久性的連結[5]。在這種雙重模
式之上，認為在民間的醮儀當中，有這兩套模
式在運作，一是廟外的民間祭拜儀式，而疊加
其上的是廟內進行的道教儀式，這是一種「道
教疊加」（Taoist-on-top）的模式。

漢學家：勞格文　　　　　　丁何生

施舟人（翻攝自網路）

　　丁荷生（Kenneth Dean）指出道教儀式為地方禮儀提供一個科儀框架，因
此道教為地方儀式提供建構與整合的力量[6]，丁荷生後來改用「多元儀式框架」
（multiple liturgical frameworks）來解釋民間宗教的儀式，他也提出「中國宗
教的綜合場域」（syncretic field of Chinese religion）來解釋多元儀式框架。
勞格文（John Lagerwey）從典型與多樣的角度來看地方宗教儀式的多樣性，他意
識到中國民間宗教的重要背景，也觀察到醮儀未必道教的。然而，醮儀仍然具備

5　Robert Hymes, Way and Byway: Taoism, Local Religion and Models of Divinity in Sung
　　and Modern China, pp. 4-5.
6　Kenneth Dean, Taoist Ritual and Popular Cults of Southeast Chin, p. 17. 丁荷生「多元
　　儀式框架」(multiple liturgical frameworks) 的概念，見氏著 " Local Communal Religion
　　in southeast china," , p. 341. 他用「中國宗教的綜合場域」（syncretic field of Chinese
　　religion）來解釋多元框架，首見於他的著作 Lord of the Three in One: The Spread of a
　　Cult in southeast China.

基本的道教特性。在這個脈絡之下，譚偉倫指出典型的道教儀式「醮」發展成為中國地方社會的「宗教儀式總匯」[7]。

綜觀這些論述，我們可以發現學者盡可能在描述現象，並希望從中看到一個共同模式，但是如果我們意識到，中國宗教的本質是祭祀傳統與神祠信仰，那我們可以更意識到道教儀式框架對中國宗教的象徵意義。雖然在當代各地的道教

神祠信仰是中國宗教的基礎，民間火居道士所提供道教的儀式框架是為民間宗教服務，因而道教儀式並非只是疊加在上，而是提供一個宇宙空間以供定位，同時是地方集體的認同表達與展現。對道教儀式專家而言，唯有為民間宗教服務才能保持活力與生命力，並與活生生的神祠信仰連繫，在層級系統當中成為其中的一環。

漢人宗教是一個創造神明的機器[8]，神明展現力量，給予信眾保佑，但也要求祭祀，而這些儀式專家就是這個機器的運作者。儀式及其背後的象徵體系，其實是建構地方宗教的主體，他們定義了地方宗教的空間與時間，界定了廟境的範圍，並週期性的施行儀式，穩定區域乃至個人的陰陽平衡。

對於關帝聖誕我們應該如何慶賀？最好的方式就是為關帝提供關帝醮科，對神明而言，這是最隆重也最符合漢人宗教邏輯的一種獻祭，而專為關帝量身訂做一套醮科，也是對神明最高的崇敬。

湖北麻城於清代之時，曾為諸神設計各種醮科，在神明聖誕之時，可以舉辦為該神明量身訂做的醮科，本文介紹專為關帝設計的四種醮科，這些醮科的抄本為李豐楙教授所收藏，被收在新文豐所出版的《道法海涵》。

《武聖醮科》

本醮科主神為「敕封三界伏魔大帝神威遠振天尊」，也就是關羽。儀式先啟請諸神，三寶、四皇、九宸、三官五老等師真，後有周倉、關平、諸葛孔明及劉備、張飛等，隨後為酆都諸元帥。三獻文有關帝的事略及三國演義的故事。並有

7　譚偉倫，〈中國地方宗教儀式序論〉，頁 1-15。

8　John Lagerwey, "Questions of Vocabulary: How Shall We Talk about Chinese Religion?"，頁 165-181。

歷代敕封的事蹟。儀式程序為：水香文、衛靈章、具位、述職、引領、上啟、三獻、進疏、宣關、皈禮。

《關帝醮》

此抄本初自湖北麻城，抄寫時間為民國42年（1953），由錢世安所抄寫。

本醮科主神為敕封三界伏魔協天大帝神威遠振天尊，也就是關羽。儀式先請神，包括三清、四帝、九宸等，接著為聖父母與周倉、關平、諸葛孔明及劉備、張飛等，隨後為酆都諸元帥。三獻文與皈依文都有關帝的事略，引自三國故事。並有歷代敕封的事蹟。儀式程序為：水香文、衛靈章、具位、秉職、引領、上啟、

關聖帝君常作為醮科的主神　　　　　在作醮時請大士爺來壇坐鎮

紙紮神偶－福德正神、溫元帥、趙元帥

三獻、宣表、皈禮。

《清微關帝醮科》

本醮科主神為「敕封三界伏魔協天大帝神威遠振天尊」，也就是關帝。儀式先請神，啟請清微靈寶之師真，然後啟請周倉、關平、諸葛孔明及劉備、張飛等，隨後為酆都諸元帥。三獻文有關帝的事略，也就是三國故事。並有歷代敕封的事蹟。儀式程序為：水香文、衛靈章、具位、秉職、引領、上啟、三獻、宣表、皈禮。

《武聖獻醮賀誕科》

本科是針對關元帥的醮科，本科儀提及關元帥在道教稱「敕封三界伏魔大帝神威遠鎮天尊」，在佛教稱「護教伽藍」。儀式程序為：衛靈咒、具職、啟聖、宣表、發願、三獻。科儀後面附有《崇寧護國延禧妙經》，該經稱關元帥為「敕封崇寧真君」、「興國太平天尊」，敘述關元帥統領之部將，及專察人間善惡、糾制不忠之人等職能，並勸世人每月甲子庚辰誕生之日，誦經供養，即得福祐。

這些珍貴的抄本為我們留下過去地方道士如何為關帝量身設計專門的醮科，以便在關帝聖誕之時，為關帝祝壽。抄本當中的文詞典雅優美，也是對關帝事蹟與頌讚中，呈現莊嚴典麗的文學篇章，科儀融和文學、音樂、儀式、表演，是最莊重的宗教藝術，也是對關帝聖誕最隆重的獻禮。

升格・專祀：明太祖官祀關帝聖誕

台灣宗教與社會協會理事長 張家麟

山西運城關帝廟在每年農曆 9 月 9 日以「金秋大典」祭拜關公

關帝在當代是華族敬拜的大神，在台灣排名第七。然而，在歷史上官方何時專祀關羽，為祂祝聖？是個好問題！

這應該從官方何時祭拜關帝說起。

最早，祂在世時，曹操封為漢壽亭侯；祂為蜀漢殉國，劉禪封祂為壯繆侯。只有封號，沒有專祀，談不上祝祂聖誕。

到唐朝玄宗皇帝（685-762），封孔子為文宣王，封西周呂尚－姜太公為武成王，此為文、武廟兩系統的起源。其中，張良等十哲為配祀「姜王」，尚未見關羽將軍之名諱。

直到其子，唐肅宗（711-762）時，增加了左、右兩廡各 32 名將軍陪祀，關羽列在東廡排名 16。祂進入了朝廷祀典。不過，史尚無詳細記載，皇帝如何遣官祀「武成王」。

我估計，唐王朝應該是比照祭文

宣王之方式，一年一祀或春秋兩祀，祭武成王及配祀、陪祀等諸位將軍。此時，並無專祀關羽的聖誕，也未考究祂的出生日。

此種「將軍集體」被崇祀之方式，雷同於當代國家的國殤大典，每年擇3/29青年節、9/3軍人節，崇祀忠烈祠中的諸多國民革命烈士，及黃帝軒轅氏、國父孫中山先生。

到了宋徽宗（1082-1135），雖然加封祂為「崇寧真君」；但也未專祀為祂祝壽。

當時，山西運城塩湖泛濫成災。他請第30代天師張繼先（1092-1127）到皇宮設壇，傳言天師作法延聘關羽元帥，前往塩湖捉拿作怪的蚩尤。事成，皇帝欲一眼目睹元帥，天師作法後關元帥現身。皇帝嚇了一大跳，懷中的崇寧幣掉出來。皇帝見狀，乃封關羽元帥，升格為崇寧真君。祂依舊沒有專祀之處所，只能陪祀於武成王東廡。

曹操封關公漢壽亭侯　　唐肅宗將關公列為武成王陪祀　　宋徽宗封關公為崇寧真君

明太祖下令全國設關王廟祭拜關公　　雍正春秋兩祭派官祭拜關公　　袁世凱將關公與岳飛並祀

翻攝自網路

唐玄宗封孔子為文宣王、姜子牙為武成王（左起）　　　　明太祖提拔關公為武成王

遲至明太祖（1328-1398），他是關公的貴人。我估計，專祀關公、為其祝聖，始自朱元璋。

皇帝鍾意祂壯烈殉國，勝過武成王主神姜子牙。乃請關羽取而代之，坐上武成王首席。且下令全國各地蓋關王廟，供武將、官士兵膜拜。至此，關公信仰風行全國，姜王信仰萎縮。

然而，何時拜奠祂，卻是一個問題。由於關公出身市井、草莽，史上無其生日之記載。明朝廷乃擇農曆5月13日，遣官祭拜。這也是兩岸部分之關帝廟，循舊例祝聖之因。

不過，現在兩岸的關帝誕，擇在農曆6月24日，又異於明皇朝祭祂；相信這受清皇朝決定的影響。

清雍正皇帝（1678-1735）看中意關公，不在祂的「神勇」，而是祂的「氣節」。孔子創五倫道德，關公是仁義禮智信的實踐者。在皇上看來，此德行正氣貫日月、泣鬼神，足為讀書人之典範。

他遣官代表皇朝至山西運城關廟，比照奠孔之禮的規模，祭拜關公。也加封其子嗣為五經博士，一如孔子的後裔。對關帝之寵愛，勝過唐玄宗以來的歷代皇帝。

在民國建立後，袁世凱擔任總統，

曾下命令關公、岳飛並祀。導致目前兩岸有些關岳廟的出現，台灣五恩主信仰，也納入了岳飛。從此，百姓祀關公聖誕之禮，也澤及岳武穆王。

清皇朝覆滅，袁稱帝不如預期。民國五四運動後，政治、社會、學術菁英，重德先生（democracy）、賽先生（science），輕視宗教，甚至欲打倒孔家店。在這股風潮下，關帝信仰不再官祀，轉入下層百姓社會。

本地祭祀祂聖誕盛大的「釋奠大典」，或是「大二獻禮」，隨之出現於部分的關帝廟、恩主公廟堂。

而大陸改革開放以來，卻逐漸地恢復官祀關帝聖誕的「金秋大典」。官方管理的四大關帝祖廟，對台頻頻招手。作為「統戰基地」，一兼兩顧：既拜關帝，又兼及維繫兩岸人民共同信仰之感情。

這可能是民國之後，關帝聖誕的另類發展！

日月潭文武廟關岳並祀

祭孔·祀關：「釋奠禮」慶關帝聖誕

台灣宗教與社會協會

關帝聖誕行釋奠禮始自清雍正皇帝　先總統蔣介石 1966 年恢復釋奠禮祭孔（翻攝自網路）

不少人好奇，不是祭祀孔子誕辰才用「釋奠大典」嗎？怎麼祀奉關帝聖誕也用此典呢？這可要歸功雍正皇帝，且聽我娓娓道來！

原來「釋奠大典」源於周朝；到曹魏齊王正始 2 年（241），始派太常寺以此禮奠孔子。到明太祖，朝廷獨尊關羽將軍為「漢壽亭侯」，為祂立廟，遣官祭祀，估計是以儒教之三獻禮拜祂。

遲至滿清皇朝雍正皇帝（1678-1735）起始用。殊不知他對關帝「忠義精神」之肯定，無復以加。

他且擴張其武將之精神，轉化成為文人之神格，使祂成為「文人神」。要求全國士子、文官，以祭孔、法孔之儀典，遣官用此禮敬拜關帝聖誕。而這也是關帝成為文昌神的淵源之一。

此儀典在清朝覆滅後，民國官方不再用它祭關帝，百姓卻開始採行。

台灣民間信仰礁溪協天廟、日月潭文武廟、草屯惠德宮、台南祀典武廟及儒宗神教的宜蘭碧霞宮，皆有採行此大典慶祝關公、岳飛等神明之經驗。

改革開放後，大陸福建東山、湖北當陽、河南洛陽及山西運城等四大關帝祖廟皆由官方管轄。在中共的默許下，逐漸地恢複「釋奠大典」，祭關帝聖誕。它可是文革期間欲打倒，破除「舊思想、舊文化、舊風俗、舊習慣」的封建遺物。

時代政治潮流，有時開兩岸華人

民國57年，先總統蔣公於台北孔廟觀賞祭孔雅樂後，與禮、佾、樂生合影。（台北孔

蔣介石與台北孔廟佾舞生合影（翻攝自網路）

日月潭文武廟以佾舞祭拜關公

礁溪協天廟用六佾舞慶祝關公聖誕

玄門真宗法師敬獻

玄門真宗邀請北管樂團為關聖祝壽

宗教儀典的玩笑。

當 1966 年，中共發動文化大革命，如火如荼破壞中國故有文化，它不要孔子、否定關帝信仰之際；蔣介石（1887-1975）乃順勢恢復用「釋奠大典」祭孔。這無疑給當代台灣民間信仰及儒宗神教的關帝信徒，打了一劑強心針。他們更「正大光明」的行此儀典，祝關聖帝君生日快樂。

蔣以明朝「釋奠大典」為藍本，組織所需之通贊、引贊等「禮生群」約數 20-30 人；動員培訓四佾、六佾或八佾的「佾舞生」，約 20-70 人；恢復既有的絲竹音樂之「雅樂團」，約 20-40 人。親自蒞臨台北孔廟，督導以釋奠儀禮祭拜至聖先師。

有舞生、有樂生、有禮生後，再備牛羊豬各一的「太牢」禮，或羊一的「少牢」禮，或豬數頭的「饋食」之牲禮。此禮須搭配主祭者之階級或該宮廟之傳統而定。

如台灣日月潭文武廟行「太牢」禮，已成傳統，不見總統（帝王）來此獻祭。礁溪協天廟亦復如是，廟方備餼羊「少牢」禮及豬數頭的「饋食」禮，行之有年，倒是常見宜蘭縣長、立法委員與祭。也有行政院院長，到此獻祭關帝聖誕之例。

當禮、樂、舞生一切就緒，排班列隊。在通贊司禮的號令下，主祭、陪祭、與祭者就位，敲 36 鐘、72 鼓迎神，揭開了序幕。隨著雅樂演奏，佾舞起舞之進行，祭者按部就班行「首獻」、「亞獻」、「終獻」的三獻禮。

觀看、比較兩岸祀關帝誕之禮，差異最大的應屬「佾舞」。台灣至今仍想保有傳統雄壯威武之「武佾舞」，而大陸將之則轉化成為動態之美「古

山西運城關帝廟以太牢禮－牛、羊、豬祭拜關公　　　　　　礁溪協天廟飲福受胙禮

典飛天之舞」。

　　再回到獻祭現場，祭者在通贊、引贊之引導下，逐一虔誠獻祭香、燭、花、果、爵、茗、饌、圭、帛。全場只有雅樂聲音，每獻一次，祭者就行「三跪九叩」之禮；虔誠的「稽首如搗蒜」。

　　於「正獻」結束後，禮生誦讀疏文稟報今日之行，旨在祝聖及求神賜福。「終獻」之後，祭者行「飲福受胙」之儀。希望飲下祀神之福酒，吃完祀神之福肉，日後得以順利。

　　最後，在通贊大聲呼喊「**望燎～～～**」後，觀看熊熊烈火焚燒金帛、疏文。在「**送神～**」、「**闔扉～**」聲中，完成了「釋奠大典」。

山西運城關帝廟辦理「朝聖大典」為關公祝壽

多元・歡欣：台灣關帝廟宇祝聖

台灣宗教與社會協會

玄門真宗主法法師灑淨

華人各宗教之信徒，為「關聖帝君」祝聖方式為何？

考之各宗教之傳承，可以說是「五花八門」。但是，我可以約略分為，民間宗教、道教、儒宗神教等幾種祀神方式來說。

民間宗教寺廟慶賀關帝誕，最為盛大者；應屬採用朝廷的「釋奠大典」。最具代表性者為宜蘭敕建礁溪協天廟，它在民國五十年代，延聘宜蘭碧霞宮的鸞生來廟指導。而碧霞宮屬民間儒宗神教的鸞堂系統，應該是與奠孔有關。

另外，日月潭文武廟每年採用；草屯惠德宮、台南祀典武廟，偶而採行此規模龐大的「釋奠大典」。藉此彰顯宮祀帝君的昔日風華，也說明了帝王不再，儀典仍存在民間「禮失求諸野」之特質。

並非所有的神祇皆行「釋奠大典」，唯有得到滿清皇朝肯定的關帝，得此殊榮。或許有人會說，媽祖被冊封為天后，怎沒此儀典？應該是行官祀之「大三獻」，缺少雅樂及佾舞。

奠祭關聖帝君聖誕最特殊者，當

屬民間信仰的台南鹽水武廟，元宵佳節的「蜂炮」。

它與清朝時期本地流行的瘟疫有關。先民以農曆正月 13 日帝君聖誕，請出祂的神駕遶境驅瘟鬼。疫止之後，鄉民為了感謝祂打鬼之神威顯赫，依舊行沿途遶境放鞭炮，轉化為今日嘉年華會般的蜂炮。

具儒宗神教本質的苗栗獅山勸化堂、台北行天宮三間宮堂系統、基隆大竿林代天宮、淡水行忠宮、高雄意誠堂等，廟方執事著儒生道衣，擇農曆 6 月 24 日子時或辰時，備豐盛的供品，上疏文，向恩主公行儒教之「九獻禮」或「大三獻禮」。

其中，淡水行忠宮在行獻禮前，請來乩身及鸞手主持請神之儀。他著濟公活佛服飾，雙手捧香爐，以踏北斗七星之罡步，從內殿走到山川殿之天公爐前，請眾將護衛法場。

此儀軌完全異於傳統「釋奠大典」中，禮生肅穆的提香爐至外埕迎神之舉，應該是屬民間儒教之特例。而是民間信仰通靈者禮神之方式，滲入到恩主公信仰後的轉化。

高雄意誠堂則與廟會結合，連續

宜蘭碧霞宮佾舞（翻攝自網路）

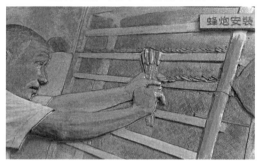

台南鹽水武廟用蜂炮慶祝關帝聖誕

基隆代天宮以三獻禮祭拜關公

淡水行忠宮關帝聖誕濟公乩生請神

三天的祝聖，鬧熱滾滾。

在為恩主公獻禮祝聖外，由鸞生誦經、上疏文稟報，為信徒點燈祈福。在廟埕搭七星橋為信徒作過橋之儀，消災延壽。請歌仔戲團、舞蹈、腰鼓隊演出，現場茶道班的茶席品茗，與民同樂。辦契子女會、更換香火；契子女、信徒將平安壽麵帶回家食平安。

關帝廟除了採用儒教之釋奠禮、三獻禮外，也採行道教的醮典。在金門古寧頭雙鯉古地關帝廟，就行二朝清醮於6/24慶賀關聖帝君誕辰。另外，尚請出關老爺。雙鯉湖及南山、北山、林厝等地遶境。

中華玉線玄門真宗奉關帝為主神，過去慶賀關聖帝君誕辰，曾邀請跨宗教、跨主神寺廟之領袖，行三獻禮。也結合傳統陣頭，南、北管軒社，到神殿前熱鬧慶祝演出。

最近幾年，在花壇玄門山總壇執事，與時俱進，走年輕化路線。2014-2020年間，連續辦了7屆「路跑」，

玄門真宗契子女為關聖祝壽

玄門真宗護道會慶祝關聖帝君聖誕

獅陣向關聖帝君祝賀聖誕

玄門真宗以路跑方式為關聖帝君慶祝聖誕

吸引青年學子來山上，一邊跑步，一邊感受神恩，祝賀祂生日快樂。

2021年，玄門山教尊因應疫情，邀請宮廟、學界菁英。在網路線上直播五場，探索COVID-19 衝擊下，宗教界如何因應、自處。到達到立己、立人之境。會後編纂《大道向前行－後疫情時代的回應》一書問世。

今年，（2022）疫情依舊嚴峻；全台7000人以上染疫而亡。玄門山再度邀請廟學兩界，作4場線上會議，1場實體座談，討論各宗各派如何為其主神祝聖。

持續二度委託本人規劃，討論：如何慶祝神明（關帝）聖誕？為何要作神明（關帝）聖誕之禮？神明（關帝）祝聖有那些功能？現代社會下，為神明（關帝）祝聖的省思？比較祝聖科儀？等5個子題。

再把時間拉到我小時民國50年代成長之處所，台北昌吉街智仁堂。逢恩主公誕，白天定有鸞生在父親帶領下，行祝聖法會，上疏文、誦經懺禮關帝。晚上，由「恩主公會」爐主召集會員食福會；會後再擲筊選出來年爐主。

而我們看在眼裏，好不熱鬧；在清貧生活的年代，還可享用食福會後的「菜尾」。這成為我對關帝聖誕美好回憶。

玄門真宗在2022年辦理「宗教祝聖」實體座談為關聖帝君慶祝聖誕

祭拜關帝聖誕的理想模式

前銘傳大學副教授 劉久清

透過關帝祝聖科儀理解玄門真宗關聖帝君的拔聖、選賢、渡九玄之精神

宗教儀式乃所以連結神與人，從而使人獲得利益（由具體的獲得保佑、賜福，進而致於自我提升）。因此，宗教儀式會反應特定時地的人對神的理解與企盼。這就使宗教儀式兼具神聖性與世俗性，且會因應時空差異而變遷。

此所以，本次會議主題為「如何慶祝神明（關帝）聖誕？」子題則分別為：「就您所知，貴教的主神或關聖帝君聖誕時，有那些作為？」、「清朝官方用釋奠大典祭拜關帝，您對此儀式有何看法？」、「當前台灣關帝廟宇在其聖誕時，用什麼儀式、牲禮，祭拜祂？」、「佛教、道教、民間宗教、儒宗神教各有那些祭拜關帝聖誕的儀式？各有何特色？」乃至「在您心目中，祭拜關帝聖誕的理想模式是什麼？」

也就是要分別由不同時間（清代與現在）、不同地區（臺灣各個關帝廟宇）與不同宗教的儀式來綜合對照、

比較，再加上宗教界人士與學者的個人思考、判斷，試圖提升宗教儀式的意義、價值與效能。

有鑑於此，對於「在您心目中，祭拜關帝聖誕的理想模式是什麼？」此一子題，我的答案會是：「無所謂理想模式，可是有盡可能最適於當時、當地認知與需求之模式」。

至於如何得知何種儀式最適於當時、當地之需求？

答案既簡單、也複雜。

簡單的地方在於：這樣的儀式所必須滿足的神聖面，必然需要獲致神明認可，而認可與否，則是透過既有的神人溝通管道即可得知的。複雜的是世俗面：要設法確立當時、當地人對神祇（以本次論壇主題言，即關帝）的理解、企盼以及可能有的適當表達、呈現方式。

複雜問題的簡單解法是：由權威 -- 尤其是宗教領導人 -- 決定。但是，這樣的解答，由本次論壇的召開，即可知是無法接受的。至少，權威的決策，為求周延，仍須在徵詢各方意見後確定。

因此，複雜的處理，反而成了真正簡單的解方。

複雜，在於以下三個面向：

玄門真宗教尊為護道會幹部授證儀軌

首先，慶祝聖誕可以不只是聖誕當天的事。「三月瘋媽祖」，既然整個三月都可以慶祝媽祖生日，慶祝關帝生日，又何必侷限於一天。至於籌備、醞釀，就更可以不只是一個月的事。

其次，參與者可以不只是信徒。因為：一方面，所有目前不是信徒的，都是潛在的未來信徒，邀請加入活動，可增加其接觸、理解的機會，從而增加產生信仰的可能；再另一方面，要集思廣益，只要在神聖面有足夠的把關，邀請各方面的人參與規劃慶祝聖誕的儀式，當更能反應「當時、當地的認知與需求」，而不致流於庸俗或喪失慶祝關帝生日此一宗教儀式應有之意義與價值。

第三，可以多層次、多面向的進行。

層次，至少可以有下述三個：慶祝關帝生日，作為一種宗教儀式，當然應該就宗教儀式的本質與其在當代的意義與價值，進行根本反思；也應該就宗教儀式在當代可以有與應該有的形式與呈現方式、管道，進行全面檢視；再將以上兩層反思聚焦於關帝

皮尤中心（翻攝自網路）

本身，思考、探討最有意義、最能彰顯慶祝關帝生日價值與意義之可能儀式。

面向，則至少必須注意下述四個：傳統是必然不可或缺的。本次論壇的以下子題「就您所知，貴教的主神或關聖帝君聖誕時，有那些作為？」、「清朝官方用釋奠大典祭拜關帝，您對此儀式有何看法？」、「當前台灣關帝廟宇在其聖誕時，用什麼儀式、牲禮，祭拜祂？」、「佛教、道教、民間宗教、儒宗神教各有那些祭拜關帝聖誕的儀式？各有何特色？」無不涉及傳統，傳統必須延續，但也必然有發展，掌握傳統做進一步發展就是要進行「創造性轉化」。

此外，「清朝官方用釋奠大典祭拜關帝，您對此儀式有何看法？」這

個子題，更指出了政治與宗教儀式的關係。這點，除了政教關係的分際，還有當今政治人物普遍樂於參與宗教儀式以獲取其政治利益的現象，也就更有必要對二者間的關係加以適度理解、釐清。

再就是對宗教在我國社會所具特色的認知。美國的皮尤研究中心（Pew Research Center）在 2014 年發表的全球宗教多樣性（Global Religious Diversity）報告中指出，台灣在全球232 個國家、地區中，其宗教多樣性指數（Religion Diversity Index）排名，僅次於星加坡，名列第二。

依該報告，台灣地區最多人持有的是民間信仰，比例高達 44.2%，其次是佛教徒 21.3%，基督宗教信徒則大約占 5.5%，其他各個獨立宗教加總起來略高於 16%。

我們的民間信仰不同於各個制度性宗教的最主要特質，在於是瀰漫性的（diffused）。制度性宗教（institutional religion），有獨立於其他世俗社會組織之外的一套獨特的神學、儀式和組織體系。而瀰漫性宗教（diffused religion）的神學、儀式、組織則是與世俗制度和社會秩序等其他方面的觀念和結構密切地聯繫在一

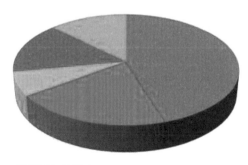

台灣宗教多樣性

■民間信仰44.2%
■佛教21.3%
■基督教5.5%
■獨立宗教與其他宗教16.2%
■未表明12.7%

調查範圍：全球232個國家和地區
全球宗教多樣性指數滿分：10分
台灣：8.2分（全球排第2）
新加坡：9分（全球第1）

資料來源：美國皮尤研究中心　中央社製表

皮尤中心調查：台灣宗教信仰排行（翻攝自網路）

起。

也就是說：在探討理想的慶祝關帝生日儀式時，除了神聖性，尚須兼顧世俗的制度與秩序，要將二者適度整合就開啟了更大的創意與發想空間。

最後，則必須適度掌握、理解現代社會所具的科技特質。現代社會日趨朝向網路社會發展，網路已不再只是交流／獲取資訊、進行娛樂的空間，更已成為我們生活的空間。此次疫情發展，使此一趨勢益形明顯：人們在網路上工作、學習、開會，乃至交流、互動已成為常態。本次論壇就是在網路上舉行。因此，就有必要探討慶祝關帝生日的宗教儀式與網路結合的可能與形式。

此外，尚須注意到人工智慧的發展，已使得網路社會在今日不僅只限於以人機互動的方式來實現，而更可能是朝向人機合一的賽伯格（cyborg）發展。這樣的發展，會對宗教儀式產生何種影響？我們除了有必要對此問題密切注意、觀察，更應該積極主動地予以探討乃至引導。

如果以上認知無誤，就可以一整年的時間縱深，依據上述論析發展、

舉辦一系列文創、學術的競賽／活動，甄拔出最優秀的成果，於關帝生日當天／月發表、呈現。

若是能年復一年的進行下去，則其累積的成果，自然能發展出既充分展現神聖性，又最合於當今社會需求的慶祝關帝生日儀式，且能持續與時俱進地促進人們對關帝的信仰，並從而提升自我的意義與價值。

2022 大道向前行 2- 宗教祝聖海報

Part 1-2 線上座談：如何為關帝及眾神祝聖

討論提綱

1. 就您所知，貴教的主神或關聖帝君聖誕時，辦理哪些活動儀軌？
2. 清朝官方用釋奠大典祭拜關帝，您對此一儀式有何看法？
3. 當前台灣關帝廟宇在其聖誕時，用什麼儀式、牲禮，祭拜？
4. 佛教、道教、儒宗神教與民間信仰各有那些慶讚關帝聖誕的儀式？特色為何？
5. 在您心目中，慶讚（祝賀）關帝聖誕的理想儀式為何？

延續 2021 大道項前行 1：2022 作宗教祝聖主題

建立模式：關帝祝聖醮典

政治大學教授 謝世維

湖北麻城用醮典為關帝祝壽

第一次發言：用醮典祝壽

今天我們要來探討一下，應該要如何為神明祝壽。在逢迎關聖帝君聖誕之前，我們來探討這個課題，有非常重大的意義。

在傳統的中國與當代的台灣，我們會提供神明很多祝壽儀式，這儀式可以溯及中國傳統古代。在傳統的中國，我們可以看到神明聖誕時，會為神明作科儀，科儀是在中國傳統宗教非常重要。

在道教的科儀當中，最隆重的就是醮典。我們在《隋書》與《昭明文選》都可以看到以醮典為神明祝壽的歷史記載。這當中，也可以看到專門為神明量身訂做一個醮典。也可以看到醮典在古代地方社會，乃至宮廷都經常常舉行。

醮典本身就是人與神的一個溝通，它其實本身也就是一功德。它是非常好的一個禮物，可以送給神明，也可以當做神明的聖誕。我們在當代其實也可以看到有些神明，甚至會扶鸞降文用醮典來獻給神明。

有些神明甚至會指定道壇，或指定道士來做科儀。但是我們現在可以看到在當代，我們通常會用三獻的科儀。

其實從歷史上來看，在湖北麻城這地區於清代以來，就有專為神明做這種醮科量身訂做的醮典。我們在當代很多的抄本當中，就可以看到這些種種不同的神明，如地神、媽祖、文昌帝君、五聖等，做了各式各樣的醮典。

最值得我們參考是武聖醮科，我們在當代就發現了好幾種武聖醮科，裡面非常有趣。它就是專門為關聖帝君，量身訂做的一套醮儀。

AR 影像下的關聖帝君

在醮儀中，它會講關聖帝君的故事，融入到醮典的唱誦科儀中，尤其在三獻疏文中。它會將關公的忠義的故事、功德、關公對世人的貢獻、關公一生的行誼及他的典故，都放在這個醮典的文獻當中。高功道士在唱誦起來的時候，我們可以看到它就是一篇非常優美對關公的讚頌。

再加上醮典本身，它就是非常完美的功德。對於民間宗教來講，醮典就是獻給神明的禮物。在民間，我們可以看到很多廟宇，它也是廟委員會的凝聚場合及力量。

透過這個凝聚力，來獻給關公作為聖誕的禮物。我們可以看到，在傳統的社會中，這就是對關公最高的致敬。在當代，我們也可以從這個角度來思考，要如何來為關公量身訂做非常好的科儀，這科儀可以為關公的生日最至高無上的祝福，謝謝！

第二次發言：湖北四種關帝醮

我還是希望可以進一步來分享，我在歷史上看到的這些抄本。

這裡面含有豐富的資料，我覺得值得分享給在座的教內朋友及不同的

作醮時請下三清、張天師等神明臨壇

學術界的教授。

剛剛的那個影片中我有稍微提到，在湖北麻城發現了相當多的這種抄本。它從各種各樣的儀式，其中有一種類型，就是「醮科」。

醮科是依照神明的特質可去做設計，所以我們看到了「龍王醮」、「城隍醮」、「土地醮」。還有「魯班醮」、「東嶽醮」、「羅主醮」。從眾多的抄本裡面，我找到「武聖醮科」、「關帝醮」、「清微關帝醮科」。

而清微派是明代、清代道教，發展出來的派別。還有一個是武聖獻醮賀誕科，從名稱就可以知道是專門為關聖帝君生日時所設定醮科。

劉教授提到瀰散宗教與制度型宗教，從這個醮科在武聖聖誕時，就是一個制度性宗教跟瀰漫型宗教合作非常典型的案例。

我們知道，道教道士作醮科，是給宮廷、國家或民間諸神來做服務。換句話說，它是為民間宗教作服務的儀式。

在此，就可以看到湖北麻城精英道士，就用非常多自己文采，來為關聖帝君特別設計出一個醮典。「武聖

醮科」、「關帝醮」、「清微關帝醮科」、「武聖獻醮賀誕科」。我查看裡面的文字，都完全都不同。

基本上，它們不是互相抄來抄去，都是重新在一個儀式中為關聖帝君作設計。每一個文字的的內容，都是跟關聖帝君緊扣相連。這些醮科的主神，就是敕封「三界伏魔協天大帝神威遠鎮天尊」，是道教對於關聖帝君的一個稱號。

儀式裡它會先請神，從道教的三清、四帝開始請，然後開始請關聖帝君的聖父母，再請周倉、關平、諸葛孔明、劉備、張飛。還有酆都諸元帥。因為道教中的關聖帝君，是酆都元帥下面的一位元帥，後來晉升成為關帝。

在〈三獻文〉和〈皈依文〉中，都把關聖帝君的生平事略及三國故事的事蹟，再加上歷代皇帝敕封，融入到這些文獻中。

儀式程序大概就是「水香文」、「衛靈章」，

然後道士作「具位」、「秉職」、「引領」、「上啟」，再來就是作道教的「三獻禮」、「宣表」、「皈依」，整個禮儀呈現完美的狀態。

在不同的手抄本中，看到制度型及瀰漫型宗教的融合。在文本中，道教稱為「敕封三界伏魔大帝神威遠鎮天尊」，在佛教稱之為「護教伽藍尊者」。這裡面他就會把佛教跟道教融入。

在儀式後面，附有《崇寧護國延喜妙經》。該經稱關元帥為「崇寧真君興國太平天尊」，並敘述關元帥同領部將，專查人間善惡，糾舉人間不忠的職能。勸世人每個月的甲子庚辰日誦經供養，就可以得到福佑。《崇

蘆洲湧蓮寺將伽藍、韋馱作為觀音佛祖的護法

寧護國延喜妙經》基本上就是一部關聖帝君的經典。

在醮典與誦經結合，就是一個非常完美的為關聖帝君祝壽禮物。儀式對於地方庄頭或宮廟來說，道教的醮典不失一種重新整合空間，穩定人心及陰陽平衡的功能。所以對於整個區域、神尊、地方的環境，都是非常至高的功德與福分。

表 1-1 清朝湖北麻城四種關帝醮比較表

概念　　類型	武聖醮科	關帝醮	清微關帝醮科	武聖獻醮賀誕科
神名	敕封三界伏魔大帝神威遠振天尊			敕封三界伏魔大帝神威遠振天尊、關元帥、護教伽藍
請神	三寶、四皇、九宸、三官五老等師真周倉、關平、諸葛孔明及劉備、張飛、酆都諸元帥	三清、四帝、九宸、聖父母、周倉、關平、諸葛孔明、劉備、張飛、酆都諸元帥	清微靈寶之師真，周倉、關平、諸葛孔明、劉備、張飛、酆都諸元帥	－
三獻疏文	關帝的事略、三國演義、歷代敕封			－
儀式程序	水香文、衛靈章、具位、述職、引領、上啟、三獻、進疏、宣關、皈禮			
經典	－			《崇寧護國延禧妙經》
功能	盛大獻祭、功德、對關帝崇敬、穩定區域與個人			

管理學視野：看關帝祝聖儀式之職能

台中教育大學教授 龔昶元

玄門真宗在圓融法台作禮斗法會

第一次發言：管理組織視野

我們說宗教是與時俱進的，我試著用組織理論中的基礎理論，來歸納各個宗教、門派，對科儀作解釋。

在我看來，各個宗教門派的科儀，都有其特色。儀式特色在組織理論來講，有幾項特點：

一、核心價值：首先，它是各宗教、門派表達核心價值的方式。因為各宗教、門派要表達其信仰核心價值，所以它有各種不同的儀式或不同的文化內涵。經由儀式，表達信仰的核心價值，並再一次的確認。

二、教門儀式特色：我覺得宗教科儀，有各門各派的特色，都在表現文化傳承。玄門真宗提到關聖帝君，主持人張教授提到關聖帝君的祝聖科儀，從過去的宋、明、清三朝，都有不同的儀式。在組織理論中，我們常講「權變」，又說「萬變不如其宗」就是儀式基本上要「儀式的形式可與時俱進有所變，基本核心義理與信仰價值也要有所不變」。

主要就是要表達核心價值文化。

透過文化傳承，表現我們永續經營的決心。我們應該怎麼做，才能夠讓我們再次確認內心思考與信仰價值，是我們崇尚的真理。

三、儀式修行：所有儀式中，是人跟神的對話，而這是信徒在儀式中修行。從組織模式來講，每個人在改善自己心智模式，讓自己修行更加提升。簡言之，人經由宗教的參與，來作自己心靈的修行與提升。

例如：玄門真宗崇尚關聖帝君的「仁、義、禮、智、信」五常德，在祝壽儀式中，就是在表現五常德的文化內涵。透過這種儀式文化，就在反思讓自己內心跟神的對話。在疏文祝壽詞，也是在確認信徒對此信仰價值認同、學習及修行。

四、改善心智：我再次提及儀式為信徒修行的法門，在儀式中反思個人修行的程度。藉由儀軌，可以自我檢視及改善自己心智模式，省思自己提升到哪個境界。

另外，剛剛有先進提到的儀軌祝頌詞，它就是我們對神的信仰價值及與神的對話。在疏文的頌詞中，即是信徒內心與神明的溝通，讓對神明鑒察信徒的修行與精進。簡單的說，在表達對神祝福時，也就是對自己修行的增進。

所以，就組織理論來說，在整個

玄門真宗將五常德融入五方法要平安符中

玄門山建築融入自然生態中

宗教門派就是一個組織，而在組織中，必須建立自己的核心價值，也在傳輸此核心的價值給信徒及社會大眾。同時也是藉由宗教儀軌，傳達本宗派的理念，再次確認此理念及未來要達到的願景。

五、儀式功能：最後，藉由儀軌達到吉祥圓滿的境界，使之擁有消災解厄、強化信仰、福佑眾生的功能。這是玄門真宗提到的：要經由儀式，改善與提升人生的目的。

換句話說，當我們再次確認儀式價值的功用，它具有入世的教化撫慰效果。果能如此，在滾滾紅塵社會及

歷史的洪流中，祝壽儀式將仍能站在歷史的核心，不被淘汰。

透過儀軌功能，就是組織理論中的功能效果。經由儀式過程，宣達教門的核心價值，確認信徒學習方向，達到福佑眾生之功效，我們尚有更遠大的目標，就是運用它來有利眾生。

因此，在玄門真宗對關帝祝壽儀式中的「祝頌詞」、「咒語」，都是在人跟神「對話密契」，通過此儀式，得到個人、集體心靈的充實及滿足。

在各門各派的祝壽儀軌中，我覺得應該有幾項核心理念及作為：

首先，要有一個祝壽儀式，經由

它表達教門信仰的真誠價值。

第二，透過祝壽儀式，表達對神明的尊敬。

第三，從歷史演變角度來看，在儀式中顯現出信徒參與後的心靈再淨化。

第四，經由儀式表現，各宗門教派顯示永續經營的理念及決心。

第五，在儀式參與過程中，信徒心靈得到淨化，有利教脈永續經營。

因此，從管理學的組織理論，各宗教、教門組織應該建立共同的願景與信仰。如此一來，自己的教派傳承、永續經營，就有紮實的歷史脈絡與社會脈絡，將可傳之久遠。

簡單的說，儀式的功能在於福佑眾生、心靈淨化及有益眾生。我個人從管理、組織理論詮釋祝聖儀式，建議各門各派，要有一個「不變的」儀式基礎流程；但又要因時、因地制宜，作適當的儀式「修訂、權變」。

第二次發言：五項心得

聽完今天各門各派代表分享儀軌經驗，也聆聽諸位從歷史源流分析儀軌模式的高見。另外，尚看到玄門真宗把為關聖祝壽儀軌、三獻禮，用精簡的影片表達。我個人深受啟發，從中了解到祝壽的意義。

我有 5 項心得，與大家分享：

1. 經由儀式確認自己信仰的核心價值。

2. 在儀式參與過程中，確認個人修行與核心價值是否一致。

3. 經由儀式莊嚴的表現，來確認教脈傳承是否走在正確的道路上，是否可使教門永續經營與發展。

4. 儀式中的祝文、頌詞，是信徒心靈與神的對話，確信自己的信仰核心價值。

5. 在儀式過程中，達到庇佑眾生、福國利民，提升自己心智模式的功能。

玄門真宗至高點 - 無極殿

真佛宗經驗：為關帝祝聖

中國真佛宗密教總會秘書長 王體

在這邊參加活動，謝謝主辦單位的邀請！

真佛宗的神佛聖誕的祝壽儀式，簡單介紹如下：根本的內容全部是來自於第八十一本文集－《真佛儀軌經》。裡面包含到皈依灌禮儀軌、壇程儀軌、供養儀軌，還有第四章諸尊聖誕的儀軌及禮拜儀軌、戒禮儀軌。

一個修行者遇到諸尊聖誕時，該怎麼作祂的祝儀？答案是諸尊聖誕時，不外是唱誦，念其宏名，供養禮拜，唸經咒、皈依，迴向。

所以我舉觀世音菩薩聖誕祝壽儀軌為例：第一個唸〈香讚〉、〈戒定真香〉。弟子虔誠在金爐上……，唸完以後，我們唸了南無香雲蓋菩薩無上唸三遍，唸完以後我們經唸誦南無大悲觀世音菩薩三遍，然後再唸大悲咒三遍，就完成唸誦的地方。

再來進入〈讚偈〉。在祝壽有關觀世音菩薩方面，從觀世音菩薩號圓通，降生七寶林中，千手千眼妙真容，一直唸到最後是南無樸陀山琉璃世界大慈大悲觀世音菩為止，完成整個讚偈的唸誦。

接著我們進入到〈繞唸〉。它是指信徒繞著佛菩薩本身的法，像念「南

無觀世音菩薩」，一直繞著唸。

接著進入到〈唸經〉。可以唸觀世音菩薩的《妙法蓮華經》〈觀世音普門品〉，或是《高王觀世音真經》。這是我們常唸的經文。

下一步製作〈拜願〉。它包含向南無本師釋迦摩尼佛三拜，南無阿彌陀佛三拜，觀世音菩薩聖誕三拜，南無大勢至菩薩三拜，南無清淨大海眾菩薩三拜，完成整個拜願。

接著進入到〈供養〉。法師手結「供養印」，慢慢打供養印，然後將所有的供品，變化為千千萬萬。接著念誦〈供養咒〉，「嗡。沙爾娃。打他架打。衣打木。古魯拉那。面渣拉。

勘。尼里耶。打耶咪。」

接著會唸〈四皈依〉。依序皈依金剛上師，當願眾生，證得空和大圓滿奧秘。自皈依佛，當願眾生，體解大道，發無上心。自皈依法，當願眾生，深入經藏，智慧如海。自皈依僧，當願眾生，統理大眾，一切無礙，和南聖眾。

最後進入到〈迴向偈〉。我們就唸：「功德殊勝行，無邊勝福皆迴向，普願沉溺諸眾生，速往無量光佛剎，十方三世一切佛，一切菩薩摩訶薩，摩訶般若波羅蜜」。整個儀式完成就達到吉祥圓滿的情況。

剛剛所講的是觀世音菩薩的祝賀儀軌，可不可以做變通嗎？當然是可以的。

我們可以從香讚、唸誦讚偈、繞念、唸經、拜願、供養四皈依迴裡，稍微調整。內文可以變，只要不離了

《真佛儀軌經》

供養手印

真佛宗的伽藍、韋陀經咒

我們的祝聖要意，自己也可以寫迴向文，做一個活用的一個翻譯。

例如：看到釋迦摩尼佛的誕辰，我們的唸讚就是釋迦文佛，坐在祇園。給孤長者佈金磚。說法利人天。福慧雙全，萬古永留傳。

其他如阿彌陀佛、藥師佛、準提佛母皆可。如果是關聖帝君，我們唸讚就是桃園結義忠仁勇，今古英雄說關公，忠義得道成菩薩，尊者奉佛故伽藍，護國護民護正法，到處威靈顯神勇。

所以每一個諸尊，都可以寫出祂的讚偈出來，接著我們的唸誦持誦、繞唸、唸經、拜願，都是跟菩薩有關。如果是阿彌陀佛聖誕，我們可以唸《阿彌陀經》，如果是藥師佛聖誕，可以用唸《藥師琉璃光如來功德經》。像關聖帝君聖誕，就可以唸《關聖帝君覺世真經》。不同的祝聖，我們都可以唸誦不同真經出來。

我們再談祝儀的意義。

首先，我們看到祝儀的儀軌，非常莊嚴肅穆。要請佛菩薩發光降在壇場，行者可以消災解厄，福慧增長，修行更進一步。所以，祝賀儀軌是同修儀軌之一。

對眾生來講，它是非常重要且不

可忽視。甚至因為莊嚴的氣氛，肅穆的神聖，可以鼓舞人生，安定社會，淨化人心。參加祝賀者，因為萌到佛光著照，未來可以有更有信心、希望。

所以修行者將做祝賀儀軌，既可當作一種修行，更有凝聚共識、認同教門的作用。對其他人來講，又安撫跟慰藉的作用，這是很重要的意義。

真佛宗到底有跟其他有什麼不一樣？真佛宗是屬於真佛祕法，跟密教有相關。我們有「手印、觀想、持咒」，這三個東西是密法中是非常珍貴的。

第二為密法的咒是非常重要，包含真言，如觀世音菩薩聖誕，會唸〈大悲咒〉。準提佛母聖誕，會唸〈準提佛母咒〉，蓮花童子聖誕，會唸〈蓮花童子咒〉。我們在關聖聖誕，我們就唸〈關聖帝君咒〉。

在真佛宗所談的法門：用手印讓身體清淨，用咒讓口精進，觀想讓心的精進。所以能夠覺悟一切煩惱，不執著於煩惱，解脫煩惱，覺察唯識的幻視，能夠幻化，覺醒圓滿。

這個是屬於真佛宗表象中，修福德、利眾生、教化眾生。由祝賀儀軌走到斷淨、無名脫，塵沙或到而達光明，謝謝。

真佛宗大殿

天德聖教經驗：為關帝祝聖

天德聖教 毛帝勝博士生

教 聖 ─── 德 天

天德聖教廿字箴言

天德聖教與天帝教一樣，都奉行「忠恕廉明德、正義信忍公、博孝仁慈覺、節儉真禮和」這20個字，稱為〈廿字真言〉。其中義字主宰，就是關聖帝君。

天德聖教是怎樣祭拜諸尊或關聖帝君？主要是在其聖誕日，誦唸與其相關的經典。然後，奉行諸尊仙佛的教導；其中，逢關聖帝君誕，必遵循其對「義」的指示。

我們對關公的認知往往都是取決於神話、小說戲曲、歷史，但是我們對它的認識，都是英勇與忠義的事蹟。

我很感謝玄門真宗與各位先進，

都一直在發揚關聖帝君的精神跟經典。最後，慢慢建立準繩，讓我們依循。

天德聖教立於民國初年，那時關聖帝君信仰雖然蓬勃，但是很多人都是拿香對拜，不知道怎麼實踐。在此時，關聖帝君慈悲，顯化告知天德聖教蕭昌明大宗師該怎麼做，就降下《義字主宰感應佛箴言》經典。

我們對關聖帝君的印象是，祂騎赤兔馬、快馬加鞭衝向戰場。我們有難，祂會馬上感應前來救助我們，就是祂跟我們這間的義氣。所以他的義，不是只有在劉備、張飛跟曹操身上，也在我們的身上。

另外一本《成世正道指南》，是在講解20個字，每個仙佛如來的典故，跟祂的精神。《武聖帝君真經》則是由關聖帝君親自指導，人應該如何作這20個字。所有的仙佛裡面，就只有天德聖教的關聖帝君為什麼維繫「義」，它是指天、地、人三者連貫在一起的大道。

再來是關聖帝君亦扮演父親的角色，訓勉我們信徒兒女，要怎麼回歸「本源」。當中既有訓斥，也有關心與愛護，就我們的父親一樣。因此，天德聖教是講求救劫宗教，跟諸多宗教一樣，要一起努力改變社會風氣。

關聖帝君由人成神，因為他過去就是征東吳敗走麥城怨氣，後來道教30代張虛靖天師作科演法，請祂斬蚩尤，才被宋徽宗封為崇寧真君，列入仙班。在1927年，由三教教主保奏，成為「中皇上帝玄靈高上帝」，所以

祂是這世界最重要的救劫者。

在救劫工作中，祂是負責引領我們向善止惡，時時刻刻顯應、提醒世人。每當劫難降臨時，關聖帝君都是第一時間為我們擋災、擋劫，甚至強調說我們要透過教化來改變世人的風氣，這是關聖帝君使命。

在〈義字主宰感應佛箋言〉中，雖然短，但也是很重要，**取予是非，惟義是踐，財毋苟淂，難毋苟免，事行不行？言知或不知？榮辱休問，順理則宜**。

這裡面是我們為人處世最基本的道理，也是義字主宰關聖帝君告訴我們義，就是互信之間則為義，互行之

天德聖教教主 - 蕭昌明

間則為義，一切順理成章的奉行這個大道、精神，其實這就是義的表現。

從這些經典總結，關聖帝君教導我們要宣法，把正確的知識講出去。非常感恩教尊，讓我們大家可以在此論壇宣法、交流及承擔改變社會風氣，發揮正能量，並且實踐它。

我們知道知識、智慧後，把它實踐，接下來就會醒悟；之後，要秉持；就是稱義的表現。

關聖帝君還告訴我們：

1. 要悔改輕慢的行為。

2. 很多時候，自以為懂很多事情；其實不懂。

3. 我們要經常反省。

唯有繼續努力，誠而行之，一心不亂，就是奉行大道。您毋須懷疑。當我有疑問，就不斷地去抽絲剝繭，探索、追求真理。

說到這裡，天德聖教是如何紀念關聖帝君及列位先尊聖誕？主要是學習祂的精神。在誦經時，既度自己、度大眾，也在度三界。唸完經以後，要記在心裡，社會就可以慢慢改變。

我希望，善行像蒲公英種子一樣，被風吹過，種子就會散落在世間，開花結果。在這邊簡單的跟大家分享，也謝謝大家。

關公為義字主宰神

元心舍經驗：為地母祝聖

台灣省道教協會副理事長 林明華

我供奉主神是地母，我來簡述分享地母宗教信仰的由來、思想及行動。

我們元心舍地母廟，也供奉關聖帝君，計 26 年了。地母最早降示於元心舍，之後，第二尊就是關聖帝君降示。我們也一直有供奉、學習、景仰關聖帝君的精神。

不過，現在台灣的宗教中，對地母這尊女神的認識，其實還不是很深透。為了讓大家了解這尊女神來自是哪裡？為什麼會有這樣的信仰？我以此做出發點，來分享如何為祂祝壽跟其他的意義。

世界各地都有地母的形象及文化、神話傳說、神格位階，構成了祂的信仰。而在中國土地尊稱祂為「承天效法厚德光大后土皇地祇」，現在我們簡稱為「地母至尊」。

中國的山西省萬榮縣后土祠及陝西省城固縣，兩間地母廟，歷史最為悠久。在北京，元、明、清三個朝代的皇帝，於地壇辦理祭拜后土，可見其受重視的程度。

元心舍地母廟為神明慶祝聖誕

再來說為祂祝壽儀式與意義：

每年農曆 3 月 18 日及 10 月 18 日，作為地母的聖誕。3 月 18 日，是中國山西省萬榮縣后土祠的祭典。當地舉辦盛大的典禮來祭拜這位女神，這也是古代皇帝曾來與祭之地。

在台灣，則以 10 月 18 日作為地母壽誕。本廟也遵照指示，準備的十果－十蜜餞、茶、酒、傳統的糕點來敬拜。其中十果－十蜜餞，其意義是豐收和宴客。地母為崇高的自然神，搭配各種祭品為祂祝壽。

另外，元心地母廟每年有一定要做的事，就是在熱鬧慶祝聖誕之際，地母娘就提醒我們要布施眾生。

當眾生慶祝地母聖誕時，地母卻深知在每個角落，都有辛苦人難以過

日、生活。因此，在 22 年前，祂就教導我們要捨身、布施白米，點亮希望。也教我們布施與接受布施同有功德。

歷年來，逢地母聖誕，我們必須做的一件大事，什麼是施？什麼是受？給予一定是施嗎？接受一定是受嗎？每年這樣的活動參與，不同的人，有不同的感受。

看見別人的辛苦臉時，同時已知自己有能力能過去幫忙別人。是有一深層教育的意義，施比受更有福，無生無量。

我現在高興的一件事：就是說 22 年前大家都在笑我們，為什麼扛這麼大的米，爬山涉水到山區。此舉會被人家覺得你怎麼那麼奇怪，為什麼一定要把米拿去給人家。

不過，在大概十年前，我看到我拋磚引玉的做法，慢慢發酵。不同主神的的宮廟，也願意去施白米、施食。我看得非常高興，因為終於把地母所交代的事情，做到每個宗教的人心裡面。

當大家都願意做，雖然布施東西的數量不一樣多，但是大家出發的善心都一樣好。然後，我看到這麼多的宗教在做，我非常高興因為我把地母交代的工作，我跟我的學生都做到了。

我在這裡跟大家分享，祝壽儀式要莊嚴，但是祝壽的善行內涵、過程，

爬山涉水送白米，已得到成果。而此，就是給地母母娘最大的祝壽。謝謝大家，無量感恩。

三獻禮敬拜神明

地母聖誕辦理慈善、救貧、紓困活動，宣揚母娘慈悲

建構符合社會需求的祝聖儀式

前銘傳大學副教授 劉久清

關聖帝君的忠孝仁義精神值得當代信徒學習

第一次發言：制度性宗教的思考

要討論恩主公生日的宗教儀式，需要注意到我們一般民間信仰的特性，這個特性就是我們一般民眾多數信仰的，不是「制度性宗教」(institutional religion)，而是「瀰漫性宗教」(defused religion)。

制度性宗教指的是獨立於世俗的社會外，有著他自己特有的「神學」和「組織系統」的一種信仰。而瀰漫性宗教，不但缺乏這些東西，更是普遍融合將日常生活行的道德觀念。也因為這樣，恩主公的各種生日儀式，在不同的宮廟在不同的地區發展出不同的形式，而且是與時俱進。

這一次論壇的子題，非常重要的就是在比較各種不同宮廟之間的差異，目的當然只是想要將制度化。可是我們要知道制度性宗教與瀰漫性宗教間本來就是不斷地進行互動。

制度性宗教經常從瀰漫性宗教取得養份，瀰漫性宗教也經常性思考制

度化。我們從從組織最嚴密的天主教系統都可以看得出來，它在全世界各地都會因應當的風俗文化，發展出他當地特有的宗教儀式。

所以當我們在思考如何把恩主公的生日慶典相當程度制度化時，就必須要注意到，它有著因時制宜、因地制宜、因人制宜的必要性。這樣子才可以避免恩主公宗教慶典儀式流於僵化、形式化。

第二次發言：集思廣益

我想到的是，因為剛剛謝教授提及的各種各樣醮典傳統。另外，龔老師也提到，儀式必須在今天社會裡做進一步的發展，宗教才能永續傳承。

在這種情形下，我想到的反而是儀式發展的可能性？

是不是有可能透過擴大參與的方式，來共同思考，來試圖形塑建構一種比較合適於今天，比較合適每一個時期，合適每個時代的，合適當地的人的需求的儀式？

有沒有這種可能性？

我想到的是：這個科儀的舉行可能就是1天、2天、3天。在儀式舉行前，可能需要一個的準備期與醞釀期。這種準備期，應該可以擴大而建構儀式。至於如何擴大參與建立儀式的形式與內容，可以邀請各宮廟來分享他們的傳統，也可以邀請學者來提供研究成果。

既然如此，可以用文創的角度，來發展各種的科儀的可能性。因為台灣擁有諸多宗教系所、文創系所、宗教學院，及諸多的人文社會領域的學者、系所學院，具有充分文創的人力資源。這些單位及人才，結合各宗教教派，可以集思廣益，籌劃、辦理最適合慶祝關聖生日的慶典。

甚至，可以邀請各宮廟、不同的宗教系所、文創系、人文社會學院提案或辦理競賽，再經由專家評選出祝聖方案。選出後，還可以透過一個神聖性的儀式，決定說哪一個、哪兩個、哪三個是更適合的理想方案。

選出來的方案，就可以在當年選擇一個地點，把儀式展現出來。年復一年的累積，這個競賽成果，祝聖儀式就可能符合當地社會需求，而得到傳承與永續發展。

六個面向：宗教祝聖儀式

玄門真宗教尊 玄興

對於祝壽這件事情，在現代民間社會或地方庄頭宮廟，對神明祝壽的方法，有分為六個面向：

1. 酬神：在地方上庄頭廟埕作戲給神明看，邀請信眾跟拜，向神明祝壽酬神，此舉是最傳統的作為。

2. 誦經：比較謹慎一點的宮廟，在神明聖誕時，外聘它廟的誦經團或自己訓練的誦經團，於祝壽期間誦經表示對神明祝贊之意。甚至在誦經過程當中，為信徒辦理消災解厄之儀。

3. 三獻禮：更進一步的宮廟，會行道教簡單的「三獻禮」祝壽。比較講究的宮廟，用儒教盛大的「三獻禮」，展現對神明的虔敬與敬拜。

4. 交陪：部分宮廟把對神明祝壽，兼作與友宮、信徒的交流。藉向神祝壽期間，凝聚人與人之間，彼此之間的友誼。

5. 修行：玄門真宗將關聖帝君祝壽儀軌，作為參與門生、信徒的修行功課。也在關聖帝君的指示下，擴大參與辦理線上及實體會議，作為本門派的修行項目之一。

6. 慈善：在神明聖壽時作慈善公益，辦理物資發放、救濟等工作，作為神的慈悲精神展現。也幫它當作對神的獻禮。

玄門真宗對關聖帝君聖壽這幾年來不斷的精緻及制度化，在線上分享一支極簡篇的祝壽精華影片，與大家交流。

覆靈宮經驗分享：宗教祝聖儀式

彰化縣溪州鄉覆靈宮副主委　羅進興

我在彰化縣溪州鄉覆靈宮服務，擔任副主任委員。廟務方面，我在扶乩時擔任記錄筆生，誦經時擔任主懺法師，普度時擔任金剛上師。

本宮祝壽有三種方式：

1. 三獻禮：約有 20 名執事參與三獻禮，向神祝壽。

2. 誦經：本宮誦經團採用龍華派及佛教唱誦。有戒定真香、演淨、請聖佛、念疏文、唸經懺、敬獻、敬供、獻花、獻果、迴向等作為。

3. 誦寶誥：當人手不足時，由經生課誦神明《寶誥》的方式祝壽。

我覺得，道教、儒教科儀比較多

元。也未統一，流通性不足。如果可以向佛教學習，就可以得到改善。因為佛教為釋迦牟尼佛、藥師佛、阿彌陀佛各神佛的聖誕，皆有制度性的教材儀本；相反的，儒教、道教就沒有統一的祝聖範本。

我同意劉教授的說法，如果制定關聖帝君、地母娘娘、玄天上帝、天上聖母媽祖等神明的統一儀典，會比較有好的效果。

就像佛教界拜天公，用的是《金光明懺齋天科儀》。拜斗，用《延壽斗科》。作普度，用《小蒙山施食儀》。規模稍大者，用《大甘露門施食儀》。

這些佛教經典流通量廣，隨手可得，反則儒教、道教則缺乏這類範本。有識之士，應該可以為儒教、道教統整出一套科儀範本。

會眾發言

一、猴硐應妙壇道長 潘政鵬

我要分享的是，金瓜石關聖帝君廟的祝壽儀軌。它與其它宮廟不一樣的地方，是結合觀光行銷。每年的 6 月 24 號子時，廟中誦經團以誦經祝壽。隔天辦理「乞龜」，吸引大家參與，信徒只要用些微的捐獻就可以參與擲筊乞龜，擲得 6 個聖杯，可以帶回「黃金龜」。

此外，又邀請優人神鼓表演，吸引人潮前來祝聖。由此看來，宗教祝聖結合觀光行銷，信徒來廟拜拜可得壽桃，又可來乞龜，也可觀賞優人神鼓表演。它已經跳脫傳統，結合觀光產業，推廣關帝信仰。

二、大潭保安宮省修社天恩堂總幹事 蘇榮利

大潭保安宮扶鸞濟世已經 60 年，我們每科都有在降筆，玄靈高上帝關聖帝君降筆。我們拜的關公就是天公，也是玉皇大帝，因為祂掌管天上、人間、地獄三界。在民國 16 年、60 年經由扶鸞升格為天公、玉皇大帝。

今天大家有緣在線上討論宗教祝聖，這是個有意義的問題。不但增加每個人的知識、見解、視野，也深化彼此的緣分。希望未來能夠連結再一起，形成正能量，為華人社會作出貢獻。

結束・祝福：宗教祝聖儀式

中華關公信仰研究學會理事長　蔡秋生

玄門真宗透過科儀實踐修行

今天學術論壇的主持人張家麟教授、線上的各位與談學者教授、線上的各宗教、各宮院堂的主事、宗長、宗教前輩大家好！

今年本學會偕同玄門真宗，在玄靈高上帝關聖帝君祝壽前夕，蒙玄靈高上帝關聖帝君特別指示，以符合現代社會現況的實況，表達祝壽的真實意義，規劃一系列能幫助眾生在困境中獲得庇佑、獲得利益的活動。

因此，再次邀請張家麟教授規劃，辦理「2022大道向前行Ⅱ－宗教祝聖」

線上學術研討及實體觀摩、學術座談。以「宗教祝聖」為研究主題，邀請宗教學者教授，各宗教、各宮院堂的主事、宗長、宗教前輩，一起在線上討論並發表相關論述。

未來本會將此論壇成果刊印書籍出版，以饗大眾及各宮廟堂。並祈能經由此論壇，提供給社會、人民對宗教祝聖科儀，有更深刻地理解。非常感謝各宗教、各宮院堂的主事、宗長、宗教前輩及宗教學者的支持與協助，謝謝大家！

Part2

尊崇與學習：
為何為關帝、神明祝壽？

樹立典範・實踐道德
禮敬崇拜・祈神庇佑

Part 2-1 名家點評：為何為關帝、神明祝壽？
官祀‧高峰：清朝拜關帝

台灣宗教與社會協會理事長　張家麟

雍正皇帝加封關公三代祖先為神

在清朝官方對關帝聖誕的崇拜，到達巔峰。由下列幾項作為可以看出：

1. 遣官至山西運城祖廟，代表皇朝祭拜關帝。

2. 比照祭孔之規格，以釋奠禮祭拜關帝。

3. 賜關帝子嗣為五經博士，一如孔子後裔。

4. 一人得道，祖先升天。皇帝加封關帝父親、祖父、曾祖父三代。

為何清皇朝寵幸關帝，而有如此作為？

我以為有下列幾個因素：

1. 鍾愛關羽將軍

滿族在關外時，歸順、朝貢明朝廷。明皇帝回贈《論語》、《二國演義》等書籍。清開國皇帝早已熟悉三國情節，熱衷魏、蜀、吳三國英雄人物及領袖、軍

師之謀略；而最鍾愛的卻是關羽將軍。

2. 維持統治合法

清雍正皇帝心儀關帝之忠義情操及行徑。為了維持其統治合法性，特別推崇孔子創造仁義禮智信五常德，也欣賞、肯定關帝為儒教的實踐者。其熱愛漢文化的現象，助於拉攏文武百官。

3. 強調盡忠皇朝

尤其在雍正皇帝奪嫡成功之後，他特別重視文武大臣對皇帝及朝廷的盡忠。而樹立關帝忠義犧牲之典範，足為文武百官效法，具有強化、鞏固皇朝體制之效用。

4. 轉化為文昌神格

到了咸豐皇帝時，還把關帝主神抬入孔廟，讓關、孔神主並列在大成殿中。宣稱、昭告全國士子，皆應前來膜拜山東、山西兩夫子。此際，關帝已成為文人神。

此舉措，種下日後民間降乩著生鸞書，指出祂為「文衡聖帝」。現在台灣民間信仰供奉五文昌之廟宇，將祂列名其中。與文昌帝君、魁星、朱衣神、孚佑帝君並祀，成為讀書人求功名之大神之一。

清朝之後關公轉化為文昌神，又稱文衡聖帝

雍正皇帝稱關帝為儒教實踐者

清皇帝鍾愛關羽將軍

明清封聖：關帝多個聖誕

台灣宗教與社會協會

宜蘭礁溪協天廟農曆正月 13 日、6 月 24 日春秋兩祭關聖帝君聖誕

目前，全球關帝為祂祝聖，有農曆 1/13、5/13、6/24 等三個時間點，為何如此？

主要原因在於：關帝倒底何時誕生？出生年為何？史無記載。

先說農曆 5 月 13 日的關公誕，它應該是與明皇朝祀關帝有關。

朱元璋稱關羽為漢前將軍壽亭侯於 5/13 祭拜祂於南京雞籠山

明朝太祖朱元璋洪武 27 年（1394），建關公廟於雞籠山，稱祂為「漢前將軍壽亭侯」。根據《明史・禮志》，擇農曆 5 月 13 日，南京太常寺官員，代表皇帝到關公廟裏祭拜關王。

這些作為，既提昇關帝的官祀地位；也影響了到清朝世祖入關，一樣在 5/13 拜關公。當關王由陪祀，變為關廟正祀；過去沒有專屬聖誕，現在則要為祂祝聖。

官方對關公的專祀及祝聖，也會滲入到民間關廟的興建及祭祀。至今為止，兩岸仍有部分廟宇，擇此日祀關帝誕。北方尚有「磨刀雨」的神話，在祭祀時，上天易降下甘霖，被信徒認定為關帝在天上磨刀，飄下的雨。

其次，言農曆正月 13 日。最具代表性的廟宇有二：一為台南鹽水武廟，

二為宜蘭礁溪協天廟。

前者鹽水武廟，在清朝同治到光緒年間，本地流行瘟疫。鄉民於正月 13-15 日，請出關老爺遶境打疫鬼。事後，據疫情趨減緩，居民咸認關帝顯靈，乃在每年元宵佳節前夕，舉行遶境與施放鞭炮。演變成當代台灣元宵燈會之外，「北天燈、東寒單、南蜂炮」三種民俗活動。

後者礁溪協天廟，每年春秋兩祭關老爺，擇元宵佳節前的正月 13 日子時，行盛大、罕見的「春祭大典」。

農曆 5 月 13 日磨刀雨的神話

廟方執事全力參與，邀請政治領袖、在地菁英、本廟管理委員會數十名擔任正獻、分獻、陪獻生。另外，再動員禮生上百人，樂生 30 人。

以「雅樂」之「昭平之章」、「萬壽無疆」、「宣平之章」、「懿平之章」及「奠帛之章」等曲目，搭配排班、啟扉、瘞毛血、迎神、進饌、上香、初獻、亞獻、終獻、飲福受胙、撤饌、送神、望燎、闔扉等「三獻儀典」。

最後，談農曆 6 月 24 日。滿清皇朝擇此日奠關帝，影響了當代大部分的關帝廟慶祝關老爺的聖誕。

正月十三台南鹽水武廟祭關公

在《清史稿·禮志》：清雍正皇帝擇此日子祭關羽。而且，清朝廷以奠孔之「釋奠大典」之高規格，祝祂的聖誕，列為國家祀典中。其隆重、盛大，超越歷朝歷代。

宜蘭礁溪協天廟釋奠大典由吳朝煌主委擔任主祭官

也與扶鸞著造《關帝全書》有關。在〈關氏家譜〉一書，載明關公祖先三代及始祖關龍龐之名諱，和其誕生日。再次經由神降筆確認其誕辰；如此一來，官、民兩方皆以 6/24 為關帝聖誕。

至於歷史中，部分地區之關帝廟擇農曆 4 月 28 日，以迎神賽會，祝關公聖誕。隨著明、清兩朝，官方在 5 月 13 日、6 月 24 日的聖誕祭典之風行，而隨之「風消雲散」。當代已甚少見兩岸及海外關廟，在 4 月 28 日祝賀關公聖誕！

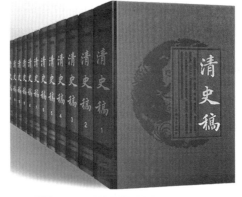

《清史稿・禮志》及《關帝全書》說 6/24 為關帝誕

官祀・民崇：釋奠禮祀關帝

台灣宗教與社會協會

以釋殿禮祀關帝誕

華人以祀孔聖誕專屬的「釋奠禮」，用來祭祀關帝聖誕，始自清雍正皇帝的國家祀典。他結合雅樂、佾舞、三獻，獻上太牢之牲禮。關帝得到了前所未有的崇隆。

為何官祀關帝聖誕用釋奠禮，我以為有幾個因素：

1. 關公在滿清皇朝雍正皇帝之後，其地位提升到與孔子一樣的崇高。

2. 皇家祀天、地有封禪，祭日月、太廟祖先、眾神各有其大典。而將尊崇祭孔之「釋奠禮」祭關帝；象徵祂的地位，已經到了無復以加之至高水準。

3. 媽祖、玄天上帝、城隍，也饗國家祀典，但僅以三獻禮祀之。唯獨關、孔兩聖人，用此儀典；足見其重要性、特殊性、典範性。

到了民國，不復見政府以

媽祖、玄天上帝、城隍以三獻禮祭拜

「釋奠禮」祀關公，它轉移入到民間社會。然而，為何民間關帝廟之執事，要用此禮祝聖？我以為可化約成以下幾種理由：

1. 用官方尊貴之禮祀關帝，提升、象徵本廟之既有地位。

2. 用此禮儀，對內凝聚本廟執事、志工之認同力，對外提升本廟在全國關帝廟群的領先角色。

3. 宗教領袖因緣際會，引入此儀典；而廟方財務又可足以支付儀式開銷。

4. 過去本廟宗教傳統中，已有此儀典；現在重新恢復、傳承。

話雖如此概括，還是得逐一個案探究，每間關帝廟之釋奠大典，可能皆有其特殊之原因。

華人祝聖，非制度性宗教儀式

臺灣警察專科學校副教授 沈明昌

天主教為制度性宗教

關帝信仰及組織屬擴散性宗教

制度性宗教的意涵

「宗教」一詞並非外來語，《說文解字》：「宗者，尊祖廟也，以從示。」，「示者，天垂象見吉凶所以示人也，從二。三垂，日月星也，觀乎天文以察時變示神事也。」「教」則指其教育、教化與啟發等，進而側重於表述對神道、人道、或某理論體系的信仰和宣揚。

「宗教」作為一個聯詞最早出現於中國佛教的文獻，如：天台宗的開山祖師智顗（538-597）在《法華玄義》卷十上有云：「有師開五宗教」[1]；華嚴宗的實際開創者法藏（六四三－七一二）在《華嚴五教章》卷一：「大衍法師等，一時諸德，立四宗教」[2]；袁昂《答釋法雲書難范縝神滅論》：「但應宗教，歸依其有」。此處的「宗教」一詞，指崇佛傳統及其弟子的教誨。

有關英文 religion 的意義，在相關的文獻有幾十甚或上百個定義，至於在現代中文裡，「宗教」二字合稱，又有一說是日本人於德川家康幕府時代末期，以漢語翻譯西文 religion 一字而來[3]，而當初日本人翻譯的靈感也是源自中國佛教

1　《法華玄義》卷十上，《大正新脩大藏經》（以下稱《大正藏》）第 33 冊，頁 801。

2　《華嚴五教章》卷一，《大正藏》第 45 冊，頁 480。

3　望月信亨主編（1977）。《望月佛教大辭典》，頁 2229-2230。台北：地平線。

經典的用語；此一用語又在清末為國人所沿用以對譯 religion，而後逐漸成為通用的語詞。

「制度性宗教」一詞，則是出自於華裔美籍學者楊慶堃先生 1961 年在美國匹茲堡大學社會學系擔任教授期間，所出版為後來研究華人宗教所推崇的論著《中國社會中的宗教：當代宗教社會功能與其歷史因素之研究》。楊慶堃借用帕森斯（Talcott Parsons，1902.12.13 — 1979.5.8）在社會學系統論中的瀰散性（diffuseness）和特殊性（specificity）概念，以及瓦哈（Joachim Wach）在《宗教社會學》中區分相同性的自然團體（natural groups）和特殊性的宗教組織（specifically religious）的理論等啟發，應用於當代中國社會的宗教型態的分類。楊慶堃先生在其著作中，將宗教區分為制度性與非制度性，形容西方如天主教、回教等普世宗教稱之為「制度性宗教」。

社會學的功能主義視角看待系統、組織，乃是為了適應生存，而有內部整合、目標達成與既有模式維持等功能，清楚而有別於他者的存在。「制度性宗教」也是一個清晰而獨立的領域，與其他社會面向界限分明，借助於獨立的概念、儀式和結構，宗教具有了一種獨立的社會制度的屬性，故而成為制度性的宗教，也因此較容易被人們貼上所謂某個「宗教」的標籤。

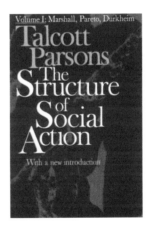

制度性宗教在神學觀中被看作是一種宗教生活體系，並界定為一種獨立於世俗社會和文化，有自己的神學、儀

表 2-1 制度性及擴散性宗教性質比較表

細項 ＼ 類型	制度性宗教	擴散性宗教
神學	系統性神學解釋	無系統系神學解釋
祭祀	固定宗教崇拜儀式	多元宗教儀式
神明	單一、最高神	多神、多鬼
宗教組織	制度性組織培養神職人員	非制度性神職人員
宗教空間	固定神聖空間	多元神聖空間
代表性宗教	基督教、伊斯蘭教、猶太教、佛教	民間宗教、原始宗教、巫

式和組織體系的信仰形式。非制度性宗教則像是潑墨畫一般暈開在社會日常生活之中的各種概念與行為。

制度性宗教與非制度性宗教的區別

究竟制度性宗教的神學觀念有何特性，楊慶堃認為有一下特點：

（1）獨立的關於世界和人類事務的神學觀、宇宙觀的解釋，

（2）一種包含象徵（神、靈魂及其形象等）和儀式的獨特崇拜形式，

（3）一種由人組成的獨立組織，使神學觀簡明易解，同時重視儀式性崇拜。借助於獨特的概念、儀式和結構，宗教也具有了獨立的社會制度屬性，故而成為制度性的宗教。

相比之下，宗教因素在華人社會生活的主要方面均具有重要地位。但是在華人社會中，制度性宗教不那麼明顯甚至難以被人觀察到，不像在許多其他文化傳統中（如歐洲或是阿拉伯文化）宗教是作為一種獨立的因素存在的。作為一個獨立的體系，宗教的角色在中國社會的這種不顯著性。因此楊慶堃稱之為"diffuscd religion"（相對於制度性宗教，稱之為非制度性宗教，又為不同學者稱之：分散性、擴散性宗教，或彌漫性宗教、）則混雜在日常生活、道德意識等其他社會面向中，難以對其進行清晰地界分，分散性宗教包括祖先崇拜、民間神明以及道德─政治的崇拜儀式等等。

台灣巫師常見於寺廟中

當代的「分散性宗教」已經呈現楊慶堃教授所預言的高度去中心化的形態，一部分保留了神明、儀式、組織和較穩定信眾群體的民間信仰固然可以稱之為「宗教」，但除此之外的大量彌漫（分散）性的信仰行為更適合看作是非制度性的宗教信仰。

制度性宗教和非制度性宗教信仰是互斥的

嗎？

楊慶堃本人更進一步地探討了兩種宗教間互相依存的關係，這使 diffused religion 概念變得更為複雜。他指出，制度性宗教不僅形塑著彌漫性宗教，還不斷從後者中獲得理念和想法，組織並將其整合

濟公附體於乩生，在進香途中

進各自獨立的社會文化體系中。例如：靈魂、天命、報應等等觀念層面上的概念，可能被多種制度性宗教所接受，也可能被制度性宗教信仰者以外的人群所接受。又如：燒香、祈禱、許願、還願等行為層面的活動，也為佛教、道教及民間信仰的信眾所共有。

此外，宗教一詞在中、英文不同的語境一下，其實各有各的獨特意涵與文化脈絡，彼此之間並非相互全等，雖在不需太嚴謹的情況下可以相提並論，甚至於相互對譯，但若一概視之為完全等同，就容易患了「化約主義（reductionism）」的毛病[4]。

再者，對於國內的現代一般宗教信眾來說，信仰某一種制度性宗教並不妨礙他們接納該宗教領域之外的非體制化的信仰觀念和行為，甚至在國內的宗教自由與多元的情況下，宗教信信徒也不乏有西方制度性宗教情境下較為少有的「改宗（conversion）」、「游宗[5]」等情形發生，也多少促使不同宗教間的相互學習與仿效。

華人的神明信仰儀式可為制度性宗教帶來更多養分與相互涵融

在現實上，人們在實踐「民間信仰」時，常是多關注於具體的敬拜行為，而非抽象的敬拜概念。因此，經常有人說自己並不信什麼「教」，只不過每天燒香敬拜而已。對於一般人來說，最重要的不是信仰本身，而是一種精神性的敬拜行

4　慧開法師（2005），「宗教」一詞的文化脈絡比較詮釋——兼論現代宗教教育的定位與取向，《普門學報》第 29 期，頁 1-15。

5　意指多宗教的同時信仰或多層次宗教意識的組合，詳見鄭志明（2002）。華人的信仰心理與宗教行為，鵝湖月刊，頁 12-24。

為――拜神、拜祖先，或者只是拜拜。值得吾人注意的是，「教」與「拜」兩個概念均包含世俗性和宗教性兩個層面，這提示我們「宗教」實際上，也可說是人為構造出來的概念範疇。

跨教神職與信徒齊聚一堂，為國祈福

華人敬拜神明的儀式，例如關公信仰的祝聖本身，即是千年歷史官、民共築的演變，以及中土廣袤大地的不同地方文化的滋養與融合的成果；以至流傳至今日的臺灣，已然成為多元的敬拜、信仰文化；然也有諸多共同性，例如獻供、上疏文等共通的儀式。

其次，華人敬拜神明信仰的制度性宗教意味雖是不夠明顯、組織性也不如制度性宗教強大，但也不表示其宗教功能、教化與價值的缺乏。分散式宗教的優點是涵蓋在生活周遭各方面，以關公信仰為例，國內外各種關公信仰的寺廟，彼此之間雖無固定的信仰儀式，但不代表他無法深入民間與人心，重要的是關公信仰的價值如何教化人心、淨化社會，以及更能指導信仰者的心靈與行為更符合所謂神明的精神典範。

再者，關公信仰中的忠義、五常德精神，從民間信仰的道德倫理層次，可以放諸全球四海而皆準；即使從各大制度性宗教信仰而論，忠於良心、朋友、家庭、事業夥伴、工作同仁，而形諸於外的義，則是適當行為規範、言行舉止等等，都是可以綜攝、統括的。

因此，非制度性宗教的活動形式，例如：關公壽誕祈禱方式：疏文、祈願文的典雅文字融入帝君五常德―仁義禮智信的精神意涵，讓聖、神職人員、信眾於讚頌之際，提升精神層次、淨化人心，潛移默化於行住坐臥、家庭、事業等日常生活，利益眾生，天人兩益；供奉之供品，包括水果、壽桃、壽麵等供品分享融入社區與凝聚社區居民情感；以繞境方式遊街，除了弘揚關公五常德―仁義禮智信之精神，提升精神水平之外，同時也庇佑鄉、里民闔家平安、綏靖無形有形等功能，是有無上神聖的意義。非制度性宗教祝聖的多元化儀式所具有的社會功能與價值，對於制度性宗教具有指導性，或精神上、活動方式上為其所吸收、涵融。

Part 2-2 線上座談：為何為關帝、神明祝壽？

討論題綱

1. 在清朝，官方為何要祭祀關帝？

2. 慶讚關帝聖誕有農曆 1/13、5/13、6/24 等，為何會有不同的時間點？

3. 為何會將孔子聖誕專屬的「釋奠禮」用在關帝聖誕？

4. 為何華人的關帝聖誕，無法像西方宗教如：基督教、天主教等有制度性儀式？

5. 為何民間宗教廟宇，對關帝慶讚聖誕會有不同的儀軌？

2022 大道向前行 II- 宗教祝聖片頭海報

擴散型宗教：多元祝聖儀軌

警察專科學校副教授 沈明昌

玄門真宗以現代型疏文為關聖帝君祝壽

第一次發言：擴散型之民間宗教

「制度性宗教」的祈禱、祝聖儀式，是西方耶、回兩教的特色。華人道教、民間宗教的關聖祝壽儀式異於是；屬於「擴散型宗教」，有多元的儀式。

此「制度性宗教」、「擴散型宗教」這兩個名詞，是由華裔學者楊慶堃所提，用它來分析東西方宗教不同的表現形式。

以關公祝聖儀式來說，在台灣各地的宮廟有的用「誦經祝壽」，有的作「繞境驅邪」，有的以「醮典祝壽」，有的採「廟會祝壽」，科儀呈現多樣式的變化。

關公在東漢末年成神後，唐肅宗把祂列為武成王的陪祀神，到明太祖將祂列為國家祀典。到清雍正皇帝祭典規格提高，用釋奠大典慶祝關帝聖誕。就官方的祭儀來看，也出現歷史上的變化。

第二次發言：玄門疏文具現代性

我對玄門真宗所提供兩個唱誦疏文的部分，發表小小的拙見。我覺得這疏文中有一個很典雅的白話文，這是疏文創新進步。

它有幾特色功能：

1. 可以讓參與的神職人員、信徒等，這個在聽的過程中了解疏文的內容。進一步提升他的精神層次、淨化人心。

2. 在疏文裡，將關公的五常德融入，聽了之後，能提升內在精神層次，回到家裡更能夠融入日常生活的行住坐臥等行為舉止。不只是在淨化人心的精神層次，回到家更能夠便於去力行。天人兩界都能夠遵循此法。

3. 在疏文裡，有一禱祀禳祝概念，既祈禱上蒼，作虔誠祭祀，也為信徒禳災解厄、祈福。

4. 疏文有唱有誦，比較吸引人。各宗教如果採取疏文、經典唱誦，遠比只有誦疏文來的吸引人，也讓大家樂於聆聽。

簡單言，這篇疏文寫得相當好，上述的功能皆具備。用典雅的白話文，共同參與唱誦，讓所有信眾都能夠聽得懂；符合現代社會的需求。

楊慶堃《中國社會中的宗教》：兩種宗教類型

玄門真宗誦經為關聖帝君祝壽

教門特色與科技、潮流：宗教祝聖

台中教育大學教授 龔昶元

玄門真宗以關聖帝君五常德為信仰核心價值

第一次發言：擴散型宗教特色

剛剛沈教授提到，楊慶堃的「制度型宗教」，在管理學術的角度來看，從過去中國大陸到當代台灣，我們的宗教就處於「擴散型宗教」系統。

由於歷朝歷代政權並非政教合一，也沒有所謂的國教，導致華人宗教多元化的特色。

在我看來，有下列幾點特色：

1. 在歷代歷朝的政權，並未將宗教變成國教，導致華人宗教呈現多元化的傳統特色，隨著時代潮流與時俱進。

2. 既然可以與時俱進，就可以跟現代社會主流價值相結合。

3. 更容易用現代科技傳播，達到深入人心之效果。

從管理制度的角度來看，美國學者提出企業的品質管理，剛開始是一種原則。像非制度化宗教一樣，在這個原則上，修訂管理方法，讓產品更加優質。因此，此管理原則，是由一項簡單制度朝向縝密的制度化，使企業的經營、產品品質更好。在日本發展成為全面品質的管理制度，稱為TQM，而改善的過程是一連串的企業QC Story的「品質管

理制度故事」。

　　每個企業或在管理制度上面，有它不同的詮釋方式，類似各門各派祝聖的科儀，各有千秋。重點就在，如何引進現代化的品質管理觀念，達到宮廟現代化的儀式要求。

　　當代企業的做法是 IS 系列 0 國際品質標準，為了讓品質一致，最好遵守 ISO 標準化規範；宗教也可如法炮製。在祝聖儀式部分，將好的傳統保留，結合現代趨勢，建立標準化程序系統。而此作為，有利於各門派宗教儀式的制度化，也有利於自己宗教的發展。

　　再舉食安為例，現在出來一個確保食品安全的叫 HACCP（Hazard analysis critical control）制度），由原來的 ISO 系統，轉化成為 HACCP 諸多的管理規則，來達到食品安全品質保證。

　　各宗派的祝聖科儀，也可稱為食品安全品質保證的管理方式。傳統宗教祝聖的多元科儀，是華人宗教的特色，而此多元會激盪出創新科儀，也容易促進精美的科儀，這是華人宗教的特色。

　　以關帝祝聖科儀來說，各教派皆有其科儀，在彼此激盪交流過程中，應可演化出系統性宗教科儀。

　　玄門真宗在此扮演重要角色，剛剛透過線上播放的本教門關聖祝聖的短片，就是希望提出系統化、標準化的科儀，供大家參考。在儀式過程中的神聖情感、尊敬關聖帝君的操作，再用現代科技呈現；請專家以現代方法詮釋此科儀的本質、象徵及意義。

　　拋磚引玉後，邀請專家學者、各宮廟堂討論此科儀，就有可能建構出符合現代社會需要的制度性科儀。如果它成為主流價值，就可能為華人宗教帶來更好的發展。

第二次發言：祝聖與科技結合

　　玄門山提供了祝壽儀軌短片，想就教線上的教授與領袖。希望大家透過短片，可以了解到本教門對關聖帝君儀式的看法。其實

宗教祝聖科儀慢慢標準化（ISO）

也在說明本教門信徒的修行及對關聖帝君教義的尊崇。

對前面的教授、領袖論述，我有幾點看法：

1. 請客、廟會的行銷問題

如果從商業行銷角度來看，請客、廟會有利於大眾參與，進而凝聚共識。像玄門山辦理7屆的路跑活動，就是凝聚共識，吸引大眾參與的作為。

天主教和基督教及各門各派對祝聖都有基本的儀式，希望信眾愉快參與，吸引他們認同此活動。只要不要走火入魔，可以想方設法設計相關活動，進入儀式中。

2. 各教派祝聖儀軌分享

各教派提供的祝聖儀軌，並作重點說明，是一種很好的學習。所有的儀軌都是促使信徒、大眾，在參與過程中，檢視自己的教義。

是在與神對話時，反思自己的修行有無成長。對自己的儀式是否加入新的元素，要由自己宗門的文化核心價值傳承來判定，在儀式內容中，確認核心價值沒有遺漏。

3. 祝聖儀軌與現代科技、思潮結合

經由祝聖儀軌傳達自己教門的信仰、理念與思想，善用現代科技，用大家都能理解的話語，傳達儀式理念，就能吸引大眾參與，也能與時俱進，跟上時代潮流。

我再舉一個例子來說明，現在中國有知名大學管理學院的EMBA碩士在職專班，傳授的課程內容把中國古代《三國演義》、《紅樓夢》、《孫子兵法》管理原則，用現代管理理論重新詮釋，引導企業界老闆學習運用

玄門真宗辦理路跑吸引年世代接近關帝聖誕

於實際的企業營運。

這個例子可以讓宗教界學習，思考將傳統宗教儀式，用現代手法傳播，以現代語言行銷，善用現代科技宣傳。將神的義理、本教派的優點宣揚出去，達到淨化人心、提升個人修行、知識增長的效果。這種傳播方式既有利於本教門的發展，也容易讓社會大眾接受本教門。

最後，當各宗教、教派發揮其儀式特色時，慢慢的會去蕪存菁，形成共識。換句話說，在多元儀式表現，彼此觀摩學習中，就有可能自動形成一個「理想祝聖」的模式。

玄門真宗今天提供了祝聖科儀短片，拋磚引玉，供各宗派參考。希望各宗派的祝聖科儀，也可以在祝聖之餘，達到修行、度人、度世的效果。

也期許這幾天一系列的研討，能將各門派的意見及祝聖科儀的特色彙整，作為來日彼此交流、自己與時俱進，不斷創新的參考。

第三次發言：核心價值為根本

我們說孔子根據魯國歷史作《春秋》，它基本上是帶有批判的意思。在整個中華文化中，《春秋》代表文化傳承。這種宗教傳承，後來變成宗教融入在許多儀軌中，這在

玄門山至高天壇召告關帝護國祐民大誓願

儀軌上，讓宗教家知道修行有所本。

這是我們中華文化的根本，不能捨棄這個根本。此根本是信仰核心價值，在此基礎上，要更多人知道，結合現在環境語言與價值，用白話表達，有根本的好處。這也是我一再提到，儘管變化再多，守住根本後，再與時俱進。

第四次發言：結語

今天聆聽各宗教對儀軌的主張與陳述，更了解到台灣宗教基本上可以歸納出下列幾點：

1. 多元性：它不是制度化的宗教，它

玄門真宗為關聖祝壽建立標準化的儀軌

的多元可能有一些缺點，好像沒辦法有統一的標準模式。

2. 特殊性：但其實它的缺點，也是我們的優點，它體現中華文化的多元性。它也體現了根據每個宮院廟、地方、教派的特色所形成的特殊性。

3. 傳承性：明佑師兄提到幾個重點，（1）都師出有名，（2）都有標準的流程，（3）有文化的傳承，（4）有對未來發展的期許，（5）有在淨化人心、淨化社會。

也在於怎麼有效率把這教門傳承久遠，我想所有儀式特色，在這樣的多元發展當中，持續發展，在這發展中，慢慢跟著時代演進，把好的保留下來。

既然大家認為慶讚的活動是凝聚人心、凝聚共識的機會，這樣的機會用比較正當、鼓勵人心、很健康的活動讓大家很高興的參與。

希望未來各宗派能用現代的語言來表達，用現代的傳播科技來推廣，讓更多的人來認識自己教派與教門。有更多人來參與儀式及對儀式的感動，就可以達到淨化人心、改善社會。

這也是玄門真宗教尊經常說的：「要有所依循，依循正道，依循道義，就能達到圓融國度」的願景，而這也是此次辦理線上及實體論壇的功能與目的。

省思：宗教祝聖

玄門真宗教尊 玄興

玄門真宗奉恩主之名，辦理慶壽儀軌或相關活動，都必須以五常德教義為基礎，來作這件事。

從過去到現代，我看到一般宮廟堂對主神慶壽這件事情，在民俗有很多種的樣貌，但是一些是有悖離神的精神和根本要義。恩主在二十幾年前就降筆開文論述辦理聖壽科儀要注意的事項，而且用接近苛責的語氣，評論世俗不當的祝聖方式。

有兩件事值得省思：

1. 清涼秀

部份地方宮廟酬神祝聖，感謝恩主的庇佑，演布袋戲、歌仔戲、康樂晚會，答謝神恩，並為神明祝壽。本是好事一樁，但被部分執事者的錯誤概念，請來清涼歌舞團表演，宣稱神愛看清涼秀，這是以訛傳訛，也是褻瀆神明的事。

2 宴客

不少宮廟在恩主聖壽後辦桌、餐宴會，帶來鋪張浪費。玄門真宗對此也很掙扎，不辦桌就不符合民意及大家的期待，而辦桌辦得豐富是敬神用還是信徒自己想吃，有時失掉為神祝壽的本質。

為此，玄門真宗這二十幾年來，對神明祝壽這件事情，不斷反省、著墨與思考，希望透過每一次聖壽典禮，從內到外、從門徒到護道會、一般信眾，宣揚關帝的義理，讓大家都能理解祝壽的真實意義。

玄興教尊：反思祝壽時的歌舞清涼秀及會後餐宴

融合：宗教祝聖

高雄意誠堂關帝廟主委 洪榮豐

焚燒祝壽文給神

我們高雄意誠堂關帝廟的關帝祝聖儀式，傳承自齋教儀軌及台南孔廟釋奠禮等兩個系統。

在齋醮部分，有先天道及龍華派的聖樂。到今天，三獻禮中搭配不同的聖樂，演奏萬壽無疆等不同的曲目。在台南孔廟釋奠禮部份，搬來祭孔的首獻、亞獻、終獻等儀典。中間並行三跪九叩禮、上疏文向神報告及祝聖。

其中疏文會用「貫首詩」書寫「農曆六月南天主宰文衡聖帝萬壽無疆」祝壽文。於在農曆6月23號晚上8點半接神、祝壽，白天還有做植福法會、上疏文及誦經祈福。

另外，我要談談祝壽時部分宮廟的繞境陣頭習俗。

我反對抬轎、扛神將者，在繞境期間抽香菸、檳榔、喝酒，如此會破壞宮廟及神明的形象。宮廟領事對此要有主張及要求。所有繞境陣頭，是為神明祝聖，其行為舉止端正，有助於宮廟、神明的神聖化，這是我們基本的要求。當然定點下來，這些朋友可以休息抽菸，離開時也要把場地清理乾淨。

再來，談談辦桌的問題。祝聖之

後，要不要辦桌宴客、食福會，見仁見智。疫情期間，部分宮廟主事者認為辦桌實在不妥。疫情結束後，辦桌聯誼也非壞事。這兩種看法皆有其道理，完全看主事者的意願及期待。

最後提提關聖祝壽的日期。

大部分農曆6月24號為關帝祝壽，部份宮廟以5月13日辦理慶典，台南龍崎文衡殿是9月20日，礁溪協天廟作元月13日及6月24日春秋兩祭，這是受清朝皇帝的影響。本堂，依例擇農曆6月24日為關帝祝壽，是本地各關廟最大的公定佳節。

高雄意誠堂關帝廟祝聖科儀源自台南孔廟

迎神

敬拜關帝

樂生演奏聖樂

讀疏文

上蒼示警：思考宗教祝聖

中華儒道研究協會名譽副理事長 王祖淼

我從 1840 年到 2020 年這 180 年間的變化，做一個總回顧。

為什麼庚子年（2020）全球會有這麼大的疫情？

其實道是「隱藏的」，不去張揚它。最近在網路上，九天玄女娘娘大顯神威，在台灣南港此地能量最強，就有護國九天宮有。對我們是以「儒宗正道」的方式，從下元甲子年，開始在那邊「暗度良賢」。

文衡聖帝恩主來也來降筆，提出台灣宗教蓬勃發展，為什麼災劫那麼多？我個人的淺見就是主要原因大家往外求福。

其實孔子偉大在於將斷裂的天人關係，重新接續上來。他認為「超越的天」，顯現在人身上就是德，道家「道生之，德蓄之」。一般人看到天叫現象天，看不到的天是「無極理天」。唯有用身上的德，來看不見的天與道。

上天降災劫給人類，就是上天示警，告訴人類要往內求，要懺悔。不然我們造的業太多，沒辦法解決瘟疫。台灣現存諸多宗教，信徒都是在往外求福，沒有往內自省。

有一回，文衡聖帝恩師在扶鸞時宗教，要信徒以天為宗，以聖賢經典教化子民。從人的內心下手，如《大學》、《中庸》所言：「天命之謂性，率性之謂道，修道之謂教」。

這個性就是上天的理性。然而人有自己的「習性」，唯有透過有教無類、因

材施教，才可以化習性上天的理性。唯有每個人往內在反省，才能在內心產生變化，往上提升。

人類崇拜的諸多神佛，是在人家修行而來。儒家教我們孝悌也者，其為仁之本，孔子把人不安的心轉化為親親而人民的心。

我對各教派的看法，儒家講「生生說」，道家講「生成說」，釋家講「生死說」，基督教與回教講「創生說」，對宇宙緣起、生命、死亡有不同的解釋。

九天玄女

杭廷頓在上一世紀論述《文明的衝突與秩序重整》，部分論者就認為未來的世界 -21 世紀，唯有從儒家可以解決人類的問題。

我今天所講的不是新論述，只是把儒家的倫常再找回來。每一個人在天地之間，上有天、下有地，天可以作每個人的父親，也可以做老師。我們下面有兒女、又有學生，當我們行有不得時，就要反求諸己。

今天慶祝關聖帝君聖誕，我覺得宗教人士應該省思，避免披著袈裟、道袍，作違背良心的事。在作外顯祝聖科儀，也要注重內在心性的省思，大家一起來切磋、交流。

杭亭頓著《文明的衝突與世界秩序重整》（翻攝自網路）

感恩‧相應：宗教祝聖

先天一炁玄紗宮宮主　紗慧

殿外恭迎諸天神佛，共慶神明壽誕。於殿內以禮敬、敬獻供品、上秉疏文、大禮拜、恭迎聖駕等方式進行。供品中盡可能準備珍饈佳餚。包括：山珍海味、壽麵壽桃、五果、鮮花、發糕紅粄、素菜、糕點，表達對神敬拜、景仰之意。

先天一炁玄紗宮由宮主紗慧於丙申年（2016）創立，本來為於新竹縣尖石鄉秀巒部落泰雅族原住民，是一虔誠天主教徒。十歲失去家慈，身為長女肩負母責，照顧六位手足。

個人以為為神祝壽有兩項目的：

歷經親情分離，刀關病關不斷。甚至於二十七歲發生近乎毀容之車禍，多次到加護病房，游走生死邊緣，巧遇機緣，得母娘護持相救，終漸接受母娘的存在，並皈依在其麾下。

1. 禮讚神恩：感恩神佛護佑，讚頌神佛無量功德，無上慈悲心。

2. 與神相應：經由儀式，宣化神佛濟世之理。

本宮辦理神明聖壽慶讚儀軌，於

本宮主祀神明九天道母元君壽誕，辛丑年以孝道為主題，壬寅年以仁義禮智信忠孝悌節恕勇讓為主題。經由神通法術作為濟世法門，為靈兒靈女

度劫了業，大事化小，小事化無，使之感受神恩浩大。

　　然而，濟世之根本為醒靈入道，需要從人世間做起。以孝道為基，重新發揚「仁義禮智信忠孝悌節恕勇讓」等中華文化道德。藉此端正社會道德，教導信徒修心及修行，導正社會靡靡之風，人心純樸而後普度收圓。

　　最後，希望以神佛願，為我輩弟子畢生願：

準備豐沛的供品敬拜神明

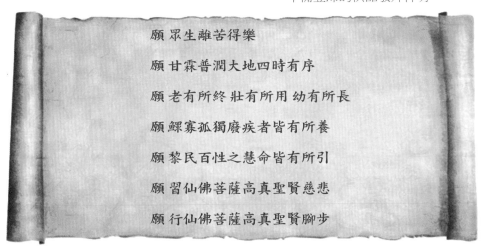

願 眾生離苦得樂

願 甘霖普潤大地四時有序

願 老有所終 壯有所用 幼有所長

願 鰥寡孤獨廢疾者皆有所養

願 黎民百姓之慧命皆有所引

願 習仙佛菩薩高真聖賢慈悲

願 行仙佛菩薩高真聖賢腳步

　　透過神明聖誕，讓信徒兄弟姊妹得到教化及神的賜福。在道場的儀式中生活，尋找修道與生活的意義。

天主教的祝聖禮儀

天主教新竹教區大溪聖方濟天主堂靈修中心主任　黃敏正

一、起源

教會的祝聖與祝福禮儀在於聖化家庭生活，使生活中的人、地、事、物藉著禮儀與信仰結合。

教會的祝聖禮儀源自猶太民族的宗教習俗，以傅油禮來祝聖，被傅油者將成為先知、司祭或君王；祭壇、聖器、屋宇或地方也應祝聖，成為歸屬於神所有。受傅油者的希伯來文是「默西亞」（彌賽亞），其希臘文為「基督」。所以，「耶穌基督」的意思是耶穌君王。

二、演變

今日教會的祝聖禮儀對於教堂的祭台必須舉行傅油禮，七件聖事中的領洗聖事、堅振聖事、聖秩聖事、病人聖事都有傅油禮。其他的祝聖和祝福禮都以覆手禮及灑聖水禮來舉行，同時主教及神父在對受祝福者要舉手

畫十字聖號。

三、意義

「聖」字的原意為分離，從萬民萬物中被分離出來，變成完全歸屬於神的聖職人員或用來舉行禮儀的器皿。聖化的反面是俗化，俗話就是物質化，而聖化是精神化、超性化、神性化。因此，祝聖有向上及向下兩個動向：1. 向上提升，使一般的東西成為聖物，使凡人成為神職人員，使房屋成為聖堂。2. 向下賜福，藉由祝聖禮儀使神恩沛降，神力灌注；另一方面，受祝聖者應努力超脫物質的誘惑，要有割捨一切和出世的精神。

四、祝聖與聖福事宜

除了尚書的人、地、物之外，以下事宜都可舉行祝福禮儀：

1. 慶生：待產時期、滿月、生日周年。

2. 父親節、母親節、祖父母節。

3. 結婚周年。

4. 飯前降福食物，飯後謝恩。

5. 子女教育：入學日、畢業日。

6. 家人患病時。

7. 家人逝世周年：在家中、在墳地。

8. 節慶：重陽敬老、兒童節、除夕感恩、元旦祈福、端午節、中秋節。

天主教彌撒儀式

9. 外出旅行：啟程前、返家後、朝聖前後、遷居時。

10. 天災：旱時求雨、求免風暴。

五、降福房屋禱文

上主、全能的天主，求祢降福這座房屋，使在此居住的人能享有健康，保持貞潔，戰勝罪惡，具有謙遜、慈善、溫良的美德，謹守誡命，並常感謝天主聖父、聖子及聖神。願祢的降福現在和將來常常臨於這座房屋，及所有在此居住的人。以上所求是靠我們的主基督。阿們。

聖母瑪利亞及耶穌

基隆代天宮經驗：宗教祝聖

基隆代天宮委員 周書翔

基隆大竿林代天宮

基隆代天宮部分，為呂祖、關聖帝君等恩主公作聖誕，常辦理聖誕的當天前後各加一天的3天法會。逢聖誕當日，於大殿舉行傳統三獻禮的祝壽儀式，由司儀來主持儀式，配合管弦、雅樂，各部禮生的引導，讓整個流程順利進行。

參與的主要人員，是管理委員會主任委員及管理委員會所有成員，另外還有各界的長官貴賓、地方仕紳、十方信眾。

法會最後一天早上，在二樓的進行齋天儀式－拜天公。下午在地藏殿進行普施－普度。

仰仗恩主的威儀，祈求是天人歡喜、冥陽兩利。整個祝壽三獻儀典，由司儀宣布開始，鳴鐘九響、雷鼓三通後展開，分為初獻、亞獻、終獻三

個步驟。

其中包含獻香、獻花、獻燭、獻果、獻齋、獻圭、獻璧、獻帛、獻桃、獻麵等各式的獻供。信徒以「三跪九叩之」敬獻大禮，結合恭讀「祝文」，在飲福受胙納祥中結束。

此外，代天宮認為為恩主祝壽的法會及儀式，是在闡揚傳統文化，緬懷恩主五常德精神，並向祂作學習。每年定期辦理祝壽法會，尚有一功能，即是強化委員會對認同及向心力，及祈求國泰民安，為十方信眾消災祈福。

呂祖

關聖帝君

林本源主委獻爵

天德聖教經驗：宗教祝聖

天德聖教台南市念字聖堂董事長 胡萬新

我們今天談的是祝聖科儀，其實科儀就是禮貌的「禮」，就是這個道理。

任何科儀都是有它存在的道理，這道理就是「禮」。我們天德聖教宗主講「有禮則肅，道無禮則輕。」肅就是莊嚴肅穆，剛剛教授有提到內化跟深化的問題，科儀不是來湊熱鬧，它是依據道理而行。因為祝聖而來崇拜聖人，因為崇拜聖人而效法聖人的德行、品格。

在我看來，各宗教的科儀，不管是「繁文縟節」或「簡明扼要」，應該讓信徒去了解各程序的意義。如果把儀式數位化，也要讓大家明白道理，效法實行。其道理是在正己化人，而此是天德聖教的信仰核心。

就像剛剛理事長所提到的，為什麼信仰宗教有這麼多，社會還是這麼不好，就是因為沒有正己化人。如果每個宗教深化正己化人的作為，社會大眾就會接受宗教，接受後，社會就會祥和，這是我的心得。

另外，我有一個問題就教龔教授，我經常聽人家講「文關公」與「武關公」。文關公是觀《春秋》，武關公是在看聖賢書。不知教授看法為何？

孔夫子制禮樂、刪詩書，作《春秋》，它是一部千年孤臣血淚史。至於關公是看《春秋》，還是聖賢書？就教一下。

文化·經典·儀軌的傳承：玄門真宗祝聖心得

中華關公信仰研究學會副會長 陳裕昌（明佑師兄）

今天非常感謝參與我們「大道向前行 II」學術論壇的各領域的專家、學者、教授、各宮院堂的執事、先進和我們線上的好朋友，大家平安！

承蒙教尊授予發言的機會，個人謹代表關公信仰研究學會發表一點點淺見，我們觀察各宗教的經營，在過程中的發展和演進，無非脫離不了下列三個層面。

1. 先有神話或故事，神話演進之後會逐漸變成文化。

2. 有了文化之後，為了傳承它會慢慢被記錄而成為經典。

3. 具足文化與經典之後，需要作後續的傳承。傳承就必須要能凝聚信眾，因此就會設計各項參與活動的儀式與儀軌。

我想各宗教的傳承都脫離不了這三個層面。

今天透過恩主聖壽的前夕，探討各宗教祝聖儀軌的真實意涵，儀軌也是修行實踐的一環。簡單來說，透過祝聖儀式，來學習神所傳達的慈悲與謙虛。再來師法聖賢，精進成長，這是屬於個人的層面。

再者，凝聚教義共識、宣法弘道、濟世渡人，這都是有一定的脈絡和起源，甚至有標準的作業流程、儀式和法器。透過實踐行做讓我們去體驗聖神仙佛救贖的誓願，達到安定民心、淨化教育的目的，這是屬於宗教團體層次。

其實，做好要宗教管理，大概有五個要件：

1. 「師出有名」，不是我們自己說而已。一定是我們的諸神、聖賢所流傳下來，會有一定的脈絡與經典。

2. 「正向引導」，不能負面，要能引領向善與達到淨化人心的目的。

3. 「標準流程」，活動需有一致性與所要傳達的意涵是什麼。

4. 「利益眾生」，對於廣大的社會大眾實質的助益是什麼？

5. 「傳承後世」，不能在我們這一代就失傳了，讓萬世都能受用，如此才是真正的圓滿。

玄門真宗玄興教尊行授證儀式

Part3
感恩與修行：
祝聖的功能？

人神之間 ・ 得道歡心
人人之間 ・ 交陪互挺

Part 3-1 名家點評：祝聖的功能
典範 · 顯聖：關帝祝聖之功能

台灣宗教與社會協會理事長　張家麟

樹立典範：關聖帝君具仁、義、禮、智、信的氣節

宗教社會學的結構功能論：「有結構必有其功能」。如果把宗教儀式當作一結構，就可推論「有集體崇拜之儀式，就有凝聚會眾的功能」。

依法國涂爾幹（Émile Durkheim，1858-1917）、德國韋伯（Max Weber，1864-1920）兩位宗教社會學家，對宗教儀式功能論之論述，至少有下列3項重點：

1. 連帶情感：會眾參與儀式後，因而共同情感、道德、禁忌。

2. 我群：儀式讓會眾彼此連結在

一起，成為同一群、同一國。

3. 教誨：經由神職人員講道，弘揚神的經典義理，達到了移風化俗，內化為人格特質之效。

用此看為關帝祝聖的儀式，應該是會有各項功能。我以為可以從對信徒、廟宇、社會三個面向來說明：

1. 法五常德

有兩類信徒來廟膜拜，參與當代廟方主動為關帝辦理的祝聖儀式。修行類者，在內在情感上得到了「皈依」、「認同」、「效法」關帝仁義禮智信五常德等諸多功能。

2. 神威顯赫

功利類者之信徒，常虔誠獻上供品、膜拜恩主公、祝聖當下，渴望祂顯聖庇祐。形同人與神之「恩庇利益」（patron client）交換，人對神表忠誠，神顯庇蔭人。恩主及受庇護者，各得其所，各蒙其利。當然，這是上下的恩庇關係。

3. 宗教聲望

廟方執事辦理關帝的祝聖儀式，往往可贏得自己的廟宇聲望。信徒參與祝聖活動，對其肯定後進而奉獻「香油錢」。部分之信徒則在認同後，由

韋伯：儀式具有教誨信徒之功能

涂爾幹：儀式促成參與者的共同情感

衷「支持」廟方。帶親友前來朝拜，或擔任爐主、頭家、志工。

4. 樹立典範

廟方執事辦理關帝的祝聖儀式，對社會而言，具有對關帝「以死勤事」則祀之，象徵表彰功國偉人傳統。再者，肯定其「仁義禮智信」之文人氣節；樹立關帝「實踐孔教之典範」。

關帝在公元220年殉死蜀漢，歷代官、民兩軌累封祂成為「聖人」。因此，今天來廟宇向祂「祝聖」，也能兼習「法聖」。

就漢人社會，一般家長皆有望子「成龍成鳳」，更希望自己能夠「希賢希聖」。

當我們自己或帶孩子來景仰、膜拜廟堂之關聖帝君神像，參與其祝聖法會，當理解、效法祂的「英烈千秋」愛國典範。以這種心情祭拜，理性、感性兼具，情深意長。

也當學祂的「五常德」精神，既是個人安身立命、立己立人的基礎，更是國族、社會穩定的內在力量。

樹立典範：玄門真宗教尊講解恩主公五常德

宗教聲望：信徒於關帝聖誕時敬拜、奉獻

五常德：玄門真宗護道會、法師讀關帝祝聖疏文，向祂學習

制度性・擴散性：談關帝聖誕方式

台灣宗教與社會協會理事長 張家麟

禮斗法會

華人關帝聖誕，在明清兩朝分官民兩軌，官方以釋奠禮、儒教三獻禮為大宗；民間則好迎神賽會、遶境、扶鸞、禮斗、誦經禮懺、上疏文、叩首禮、道教三獻禮的祝聖模式。

民國之後，台灣政府不再擁有官方關廟，釋奠禮、三獻禮也轉移到民間關廟祝聖的行列。大陸在文革之後，官方山西運城、河南洛陽、湖北當陽、福建東山等四大關廟，則逐漸恢復此儀軌。

如此多元儀式祝賀關帝聖誕，背後的思想邏輯在於華人民間宗教的「擴散性」特質及多宗教儀式。

先言「擴散性」宗教特質，使關公誕不固定單一儀式。

它是以多神論「擴散性」宗教，相對於一神論的「制度性」宗教而論。它並沒有一套完整的神學系統論述，也無制度化培養神職人員，連神聖空間都不固定；就不易有制度性的儀式。

如此一來，就不會像基督宗教，只有制度性的「作禮拜」、「望彌撒」等方式，慶祝耶誕。相反的，華人宗

教各宮廟依其「宗教傳統」、「宗教領袖抉擇」、「寺廟神職人員資源」、「廟宇財務能力」等條件,為關帝作多元的祝聖儀式。

再言多宗教的多種儀式,慶賀關帝誕。

仔細看關帝信仰,從唐肅宗將祂列入武成王神殿作為陪祀後,歷經宋、元、明、清四朝,神格不斷提昇。清雍正皇帝之後,以釋奠禮拜關帝誕之國家祀典,規模到達高峰。

這是儒教的儀典,現在兩岸少數官祀、民祀之關廟,亦可見及。

至於道教祀關帝誕,以台灣火居道士被延聘到各關帝廟行科儀為主。他們大多數會置天台(架三界公桌)於三川殿下,先朝外埕祭拜天公,請三官大帝作主;再朝內殿以「道教三獻」禮關帝誕。

佛教尊關公為迦藍尊者,與韋陀同為大雄寶殿、佛祖的守護神。神格不高,少像佛陀、觀音、地藏菩薩的

誦經禮懺:為關帝祝壽 1

自由參拜:為關帝祝壽 2

道教三獻禮拜天公:為關帝祝壽 3

繞境、迎神、賽會：為關帝祝壽 4

祝誕法會。頂多在關羽誕辰，以誦經禮懺方式紀念祂。

而這也是民間信仰中的關帝廟，最常見的作為。由誦經團課誦《桃園明聖經》，禮敬關聖生日。當然，廟會、簡單的三獻禮祭拜，

除此之外，尚有一貫道、理教、天帝教奉祀關公而有其特殊的祝聖方式。而以恩主公信仰為主神的儒宗神教及中華玉線玄門真宗，就會以較為隆重的「大三獻禮」，賀關公聖誕。

因此，無論是傳統宗教，或是新宗教，皆有其認定之儀典祭奠關公聖誕。不一統的儒、佛、道教，擴散型性質的民間宗教，這兩項因素導致奠祭關公，呈現出多元、複雜、豐富的儀式型態。

佛教徒誦經禮懺：為關帝（伽藍）祝壽 5

神聖・典範・省思：玄門山賀關帝聖誕

台灣宗教與社會協會

舞獅：到玄門山向關帝祝壽 1

關聖帝君在當代台灣，又稱恩主公、文衡聖帝，也被鸞堂及部分廟宇信徒尊為天公－第18代玄靈高上帝玉皇大天尊。

以祂為主神廟，全國約有800餘座，數量排行第七。也有數千上萬座寺廟，以祂為配祀或陪祀神。

更是台灣內政部第26個合法登記之教派－中華玉線玄門真宗教會的「教主」。祂是至高神，「仁義禮智信」五常德，存在於本教派教尊、法師、鸞手、修士、信徒、志工的心目中，他們永遠在其座前學習、得到庇護，謙稱「沐恩鸞下」！

玄門山每逢其聖誕佳節，擇在前夕週日，事先辦理「廟會」、「大三獻禮」、「路跑」，堆疊出結合傳統與現代的祝聖大典暨嘉年華會。

我長期觀察玄門山為關帝的祝聖活動，看出幾點意涵，值得世人肯定、關注：

1. 迓熱鬧

在往年，行「大三獻禮」祝聖前，邀請北管樂團吹奏嗩吶、敲打鑼鈸，演奏為神祝聖的「鬧廳」、「天官賜福」；曲音輕鬆、輕快，洋溢整個法壇。此為傳統民間宗教神誕，常見之排場，熱鬧非凡。

另外，由信眾發心，備可看性甚高的「看桌」，在神殿前之供桌，擺上豐沛、琳瑯滿目的供品以供神。並有舞獅、神將、鼓隊等陣頭，在神壇前表演，一時鑼鼓喧天，響徹雲霄。

2. 制度性與神聖性

其次，傳統之「大三獻禮」，依儒教古禮對關老爺獻祭。排場盛大，氣氛肅穆莊嚴，具濃厚的「制度性」與「神聖性」。

玄門真宗費心的熱情邀請各宗派領袖、友宮廟堂之堂主執事，來到彰化花壇總山門。在優雅的樂聲中，行

玄門真宗為關聖帝君祝壽辦理賜福餐會

玄門真宗為關聖帝君祝壽辦理庄頭廟巡禮

契子女拜拜：到玄門山向關帝祝壽 2

「首獻禮」、「亞獻禮」、「終獻禮」，由各宮廟堂菁英，輪流上前擔任正獻官、分獻官、陪祭官。

在「首獻禮」中，由司禮生呼喊口令，請獻官就位後，分別依序獻上「香」、「燭」、「花」、「茗」、「爵」。進獻供品時，獻官在司禮生的號令下，皆行三跪九叩之大禮拜關老爺。

接著行「亞獻禮」，司禮生先讀疏文，稟報天公、關老爺、眾神。疏文書寫：今天祝聖之儀的「5W1H」，誰參與（who）、在那裡舉行（where）、於何時辦理（when）、為何作此科儀（why）、科儀之內容（what）及如何進行（how）。

過去疏文依貫首文、四六駢文、對聯式書寫；玄門山的疏文已改成現代式、流暢的白話文呈現。

在司禮生的主持下，獻官再就位後，再次獻上「茗」、「爵」，加獻「饌」、「壽桃」、「壽麵」。依人世間祝壽之品項、內容，獻給關帝。一樣「叩頭如搗蒜」的行三跪九叩之大禮。

在「終獻禮」前，部分鸞堂會請禮生再讀紅色的祝壽文。讀罷，司禮生再請獻官就位，三度獻上「茗」、「爵」，再加獻「圭」、「帛」。所

有的獻官，對恩主依舊行虔誠三跪九叩禮。

這讓我想到，約3000年前，在古老的商朝，即有獻「牲」、「圭」、「帛」之禮。當時的獻祭，是將之置於柴上，焚燒殆盡，以表虔敬祀神；稱為「禋祀」。

周朝將此獻禮改良，成為「只獻不焚」牲、圭、帛。而且，將「焚燒牲禮」改為「分食福肉」。在當代兩岸奠孔子、祭關老爺時，尚有獻官的「飲福受胙」之禮，堪稱為文化之躍升。

在漢朝蔡倫發明紙後，用「金帛」、「銀帛」紙取代「衣帛」，又改成為「獻」牲、圭，「焚」帛紙之儀。傳承至今，大三獻禮呈獻之供品，只焚燒帛紙、疏文；留下其餘之供品之舉。

因此，在「終獻禮」結束前，司禮生大聲呼喊「望燎～～」。眾人依其號令面向「金爐」，觀看禮生帶著金帛、疏文，到燎所焚燒之儀。

當然，如能引入「釋奠禮」中佾舞、雅樂、雅音及少牢之禮，那麼神聖情感將再度昇級。衷心如此期待！

善覺寺：到玄門山向關帝祝壽3

竹樹誦經團：到玄門山向關帝祝壽4

南聖宮誦經：到玄門山向關帝祝壽5

玉闕朝仁宮：到玄門山向關帝祝壽6　　萬法宗壇：到玄門山向關帝祝壽7　　真佛宗：到玄門山向關帝祝壽8

關帝聖誕：玄興教尊主持線上會議

3. 與時俱進

值得一提的是：去年（2021），玄門真宗辦理線上講座及前些年的路跑。

由於疫情橫行台灣，招致無法實體群聚向關帝祝聖。該派教尊奉恩主公之名，召集廟學兩界領袖、菁英，開《大道向前行－後疫情時代宗教的回應》5場線上座談。大夥集思廣益之後，付梓成書，用它來作為關帝聖誕之賀禮；及本教門信徒修行之叢書。

前幾年（2014-2020），玄門山為了讓更多年輕人參與祝聖，亦是以恩主公之名，辦理「路跑」。把神聖的祝聖，結合世俗的、健康的、清新的大眾化「小馬拉松」；使得關帝聖誕與時俱進，整座玄門山頭，人氣鼎盛。

這幾年下來，足以媲美淡水福祐宮之淡水媽、新北受玄宮之玄天上帝的「路跑祝聖」，已經讓神誕「年輕化」起來。

整體來看玄門山為關聖帝君的祝壽，結合民間信仰「迓鬧熱」與儒教的「大三獻禮」，具「神聖性」、「制度性」之特質。也兼具傳統「祝聖禮」及現代「線上直播」、「路跑」，而具「與時俱進性」之靈活性。

這種從傳統中科儀，蛻變成「現代型」的祝聖禮；已成為該教派之「典範」及全台關公廟複製、模仿之「範式」！

參與 · 精進：當代為關帝祝聖之理

台灣宗教與社會協會

門徒持誦、通疏行稽首禮，符合民主參與的潮流

當代台灣為民主、自由社會，當我們在祝關聖帝君生日快樂，能否脫離此「社會結構」。我估計，很難！

根據道爾（R. A. Dahl，1915-2014）的《多元政治》，指出理想的民主，其核心價值為「高度參與」、「包容反對」。其中，高度參與這項標準，具有平等積極性格。它應該是各宗教領袖，改革宗教儀式的重要參考指標。

在信徒為關帝祝聖，行三獻儀典時，讓大眾高度共同參與祭拜，將可提昇信徒對儀典的認同，強化其內心對關帝的崇敬情感，集體融入儀式流程，感受儀式的莊嚴、神聖性。

有下列幾項共同參與儀式之方，可供參考：

1. 不再跟拜，而是共同持誦、敬拜

道長在前誦經、演三獻禮，信徒、執事、爐主拿香跟拜在後，禮敬關帝聖壽的方式，已經過氣且不符合現代共同參與的潮流。反觀，佛教、基督教徒共同讀經、唱聖歌的方式，得到了眾多信徒的支持。

因此，在百姓識字率高達95％以

上，百分百學生可讀大學的當代台灣。已有高學率的社會背景，信眾已有能力共同持誦經典、神咒，用此表達對關帝敬拜、祝聖。

2. 不再禮生讀疏文，而是共同通疏

依理類推，過去依儒教三獻禮或釋奠禮對關帝獻壽，必由禮生朗讀、吟唱疏文。現在，印刷方便，可以人手一張疏文。獻祭告一段落，在通贊的號令下，共同通疏，成為合情合理之舉措。

3. 不再只由祭官行三跪九叩禮，而是共同跪叩稽首

在曹魏行釋奠禮對孔子獻壽，到清雍正皇帝比照奠孔之禮來拜關帝壽誕，皆具有濃厚的階級觀。唯有代表皇上的正獻官入大殿獻祭，分獻官到左、右兩廂獻祭，其餘官員為陪獻官，立於內埕陪祭。

到了當代，可在通贊的口令下，在首獻、亞獻、終獻中，祭官獻供品，會眾共同跪叩、稽首。換言之，人人皆依通贊指揮，依序作每個獻供，皆向關帝行三跪九叩禮。

當然，在共同參與誦經、讀疏、稽首時，無分男女、老幼、教育程度，皆可共同參與、獻祭。唯獨列隊、排班，還是得根據各教派的職階，高階在前，低階在後排序。

簡言之，當我們集體向關帝祝壽誕，法階依舊存在，共同平等參與獻祭。三獻禮中，既維持了傳統的階級秩序觀，也體現了現代的人人平等參與觀。果能如此，誰曰不宜？

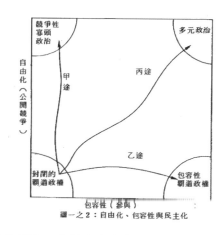

道爾教授（R.A.Dahl）著 Polyarchy，指出民主社會的特質之一在於高度參與（翻攝自網路）

關帝祝聖儀式的當代意義與功能

政治大學教授 高莉芬

玄門真宗慈光吉祥法會

一、前言：神道與人道

　　關帝信仰自古至今歷久不衰，以其根植於華人文化傳統，具體彰顯華人的精神文明與倫理價值有關。從信仰歷史角度而言，華人文化中有「神道設教」的傳統，《易‧觀卦》：「**觀天之神道，而四時不忒，聖人以神道設教，而天下服矣。**」[1]孔穎達疏：「**聖人法則天之神道，本身自行善，垂化於人，不假言語教戒，不須威刑恐逼，在下自然觀化服從。故云天下服矣。**」[2]因此，「神道」之要，乃「教化」之用，重視以天之運行自然之理的「神道」，進行「人道」之教，也即社會秩序之穩定與人心教化之用。《論語‧八佾》：「**祭如在，祭神如神在。子曰：吾不與祭，如不祭。**」[3]祭神如神在，所強調者乃是祭神的誠敬態度，此為祭神重要的精神。而關帝既神且聖的特質以及其所彰顯的忠、義、仁、勇與誠信等精神，

1　藝文印書館發行：《十三經注疏‧周易》，（臺北：藝文印書館，1982年），頁60。
2　藝文印書館發行：《十三經注疏‧周易》，（臺北：藝文印書館，1982年），頁60。
3　藝文印書館印行：《十三經注疏‧論語》，（臺北：藝文印書館，1982年），頁28。

不但是史籍記載的英雄、聖人典範的實踐,更是華人宗教信仰中濟世救劫的神明,在神道設教的傳統下,成為歷代官方與民間祭祀的對象。而在歷來關帝信仰中最重要的祭典之一即是關帝祝聖儀式。與關帝有關的祭典,有農曆正月十三日關帝成道飛昇日及農曆六月二十四日關聖帝君誕辰日,以及明清時期官方的農曆五月十三日祀典。不論官方或民間,皆辦理祝聖儀式慶祝,成為華人宗教重要的文化盛事。而在二十一世紀的今日地方宮廟祝聖儀式,對於關帝文化的推廣與倫理教化的弘揚,仍扮演著重要的角色與職能。其當代意義與功能可從人與神、人與社會以及人與人三方面以述。

二、關帝祝聖儀式的當代意義與功能

(一)人與神—以心敬神:神聖性與超越性

台灣關帝信仰興盛,頗多宮廟於六月二十四日辦理關帝祝聖活動。六月二十四日是聖人的聖誕日,也是神的聖誕日,從比較宗教學的觀點來看,不同宗教都非常重視信仰主神的的聖誕日。因為神明的歷史與行動,也即是信仰的核心基礎與意義。因此在關帝降生的聖誕日,除了舉辦祝聖儀式外,感謝神明的護佑

信徒虔誠跪求帝君庇佑

玄門真宗法師向關聖帝君祝壽行禮

外，其中重要的意義也在於在此一神聖的時刻，慶典儀式中，藉由關帝祝聖活動，重新思考神明的歷史與人的歷史關係為何？神的生命歷程與自我的生命關係為何？主神關帝神聖事蹟以及飛鸞降示的教義，對於信仰者以及儀式參與者的意義為何？

例如在承衍自古代儀式獻禮活動中如上香、進饌、獻爵、宣讀祭文、飲福受胙、行三跪九叩禮等行禮如儀中，對於參與祭祀活動者而言，儀式的莊嚴性與規範性，具有莊嚴身心、靜心凝神、淨化思慮以感受神聖的功能。除了表示對主神的崇仰感恩外，但更重要的乃在於有古代的通過這些神聖的活動重新思考：「神」的精神為何？人與「神」的關係為何；「人」在信仰中追求的是甚麼？因此在祭典儀式中，重在以「心」禮神，以「心」敬神，進而以「心」去實踐關帝所降示的教義。即如同《桃園明聖經》：「一心體此，以心印心，心在人中，日在天上，欽哉勿忽。」[4]的教義，也同樣表現在關帝祝聖儀式的身心活動參與中，進而感受

4　黃國彰、鐘奕坤、萬義昉、黃國華、戴秀美、張金輝編著：《忠義貫古今——桃園明聖經珍本淺釋》，（臺中：光慧文化事業股份有限公司），頁 201。

生命的神聖性與超越性！

（二）人與社會—以情和諧：族群凝聚與文化承傳

文化人類學學者李亦園曾研究指出漢人民間信仰的特色是普化性的，與日常生活密切配合的，所以其崇拜儀式經常具有神聖性與世俗性交融的特點；神聖性代表宗教或超自然存在的一面，世俗性則代表日常生活的一面。[5]

關帝祝聖儀式具有神聖性但也常常是地方社會重要慶典活動，是世俗生活、地方常民文化的展演場域，在神聖的時間中，宮廟與地方公益組織、藝術表演團體、地方社團以及學術團體共同參與，在慶典中交流情感、凝聚文化認同。祭祀儀式具有象徵性，但集體的祭祀禮儀則具有表述族群歷史性、文化性的意蘊，反映了群體社會共同的道德規範與精神倫理，也具有維繫族群凝聚的功能。例如宮廟在祝聖祭祀禮儀中，使用的祝文、語言（方言）、供品、服飾、飲食，都是維繫族群認同與文化傳承的重要因素。儀式除了有節慶的層面，但也承擔的社會教化與文化承傳功能，近年來台灣官方重視保護無形文化資產，而在各宮廟的祝聖活動中，或科儀展演、或繞境遊行、或戲曲樂舞、或平安福宴，不但結合紀錄了地方歷史與民俗生活，隱含了地方社群文化體系和價值觀的建構，無疑也是重要的無形文化資產，值得承傳與保存。因此對祝聖儀式的重視，具有承傳文化與扮演社會教化的積極功能。

（三）、人與人—以身參與：感謝神恩與宗教實踐

慶典與儀式具有集體性，因此在祝聖的儀式與節慶活動中，可以標誌出參與信眾不僅簡單的只是一群

玄門真宗奉關帝之名，行濟世慈善之實

5　李亦園：《文化的圖像（下）──宗教與族群的文化觀察》，（臺北：允晨文化實業股份有限公司），頁182。

「信關帝的人」，也是一群「信仰關帝的共同體」，強化了人與人的關係連結。這種「信仰共同體」也是「文化共同體」，此一文化共同體的精神價值也在祝聖儀式中被強化，而這也是關帝特別重視人與人之間的倫理秩序與和諧關係的實踐方式之一。

　　例如對於參與祝聖儀式中的效勞生與信仰者而言，雖然並非擔任儀式主祭者的角色，但是在參與儀式的準備與籌辦過程，人人各司其責，相互幫忙共同為祝聖活動而付出。不論是在宮廟中擔任志工，摺金紙備供品、或是在廚房中準備膳食，乃至於接待賓客，灑掃佈場等庶務工作，都是對關帝恩主信仰的宗教實踐以及修身養性的一種轉換形式，也即以俗世身體的行動參與神聖的儀式，進而從昇華為關帝濟世救人精神的實踐。而此祈福與感恩的心理則在神人感通的儀典中，信眾一方面祈神降臨賜福，一方面也表達對於超自然存在的神明關帝護佑的感謝，並以身體行動參與、落實了宗教實踐。

三、結語

　　儀式具有溝通與連結的功能，關帝祝聖活動是人與神、人與社會、人與人的連結，各寺廟在關帝聖誕的系列祝禱與慶祝活動中，藉由祝禱儀式體驗人神合一的神聖經驗，效法關帝典範精神，重審自身行為，和諧社會、增進認同感、凝聚

玄門真宗法師向關帝行三獻禮

玄門真宗結義亭前的關帝坐騎（赤兔馬）

族群情感。而關帝聖誕祝聖儀式與關帝生命史、成聖史息息相關承載著傳統華人精神文化，包含宗教信仰、祭祀禮儀、倫理道德與族群認同。關帝之所以受到推崇，除了護國佑民的神蹟外，更以其是華人倫理道德的典範，也即「對國以忠、待人以義、處事以仁、任事以勇」的實踐者，宮廟為關帝祝聖的正面功能有以下重點：

（1）重新省思關帝成聖的歷史與自我生命意義間的關係

（2）學習並實踐關帝教義精神並思考在當代人文教化的意義

（3）藉由儀式象徵以具體行動落實關帝濟世助人的宗教實踐

透過神聖時間中的祝聖儀式活動，參與者領悟並傳承由關帝歷史與神蹟等構成的神聖世界的價值與意義，進而從凡俗世界中感知神聖的臨在與超越，洗滌與淨化了世俗世界的紛擾與困頓，開啟了以道德與宗教表徵系統來觀看、參與並解釋世界，也即關帝「忠、義、仁、勇」精神的實踐與弘揚。宮廟是修行道場，祝聖儀式不在於豪華的排場或物資，而是在神聖時間與儀式中重審本心。《關聖帝君桃園明聖經》：「心者，萬事之根本」，以「心」敬神、以「心」祝聖、以「心」實踐關帝教義，這也是祝聖儀式最重要的意義與功能。從而在凡俗世界中有了精神的提昇的指標，朝向聖人的典範行為而修行。

Part 3-2 線上座談：祝聖的功能

討論題綱

1. 有儀式就有其功能，請問您認為慶讚關帝聖誕的各項儀軌，分別有什麼功能？

2. 各宮廟在關帝聖誕的慶讚中，對信徒的影響為何？

3. 各宮廟為關帝祝聖，對廟宇本身有那些正面功能？

4. 從關帝祝聖過程中，可以做那些宗教義理的解讀？

5. 為何媽祖聖誕政治人物常會參與扛轎，而關帝聖誕，卻少見政治領袖參與？

玄門山開山有成紀念日

神聖・世俗・共同體：談祝聖功能

政治大學　高莉芬教授

玄門真宗於關帝聖誕繞境遊庄祈安

青春・路跑・祝壽

剛剛有看到那個影片，也呼應了這次的主題，也就說我們在做祝聖儀式的時候，特別是在當大21世紀今天，我們如何讓這個活動能夠年輕化，接引一年輕人，讓年輕人了解這個信仰。

那個影片裡面其中一個剛剛有辦路跑活動。路跑的活動其實就像我剛剛談到的這個儀式活動裡面的連結，這個連結包含了就是神跟人、人跟神連結，人跟社會連結，人跟人的連結。

古代有古代的一個連結的方式與型態，但是現在人有現在的生活方式與形態。所以其實在儀式裡面有神聖一面，但它也有世俗的一面。我們如何在這個世俗的活動中讓他們體驗到神聖性。這個神聖性當然有它莊嚴的一面，但是其實還有一個精神的層面－精神性。

我覺得在我們設計活動時，可以用年輕人比較喜歡的方式，或是大眾流行文化當中大家普遍接受形式，把它帶進來。但是在這個活動裡面應該可以跟我們的信仰核心的意義進行聯結，可能是比較好的，包括無論是舞蹈好或是路跑。

如果是以關帝的信仰為主神辦理的路跑，就應該可能呂祖辦理的路跑有點不一樣。雖然都是在辦路跑；但是，各個不同的神明有共同的核心。雖說都是要濟世助人，救劫濟世、與人為善；但是，他們有各自的價值理念。例如以關帝來說，就是仁義禮智信的忠義精神，貫穿在活動當中，去設計這樣的活動。

因為我在學校曾擔任大學學務長，所以學校有很多儀式，包括畢業典禮或是入學典禮，我們不是行禮如儀而已，而是在這個儀式的過程中讓他們就感受。一方面是寓教於樂，如思如何把它蘊含進去，這也是現在最需要。

有可能是 case by case，因為你面對的人跟族群都不同，因此要蠻多

的心力進行調整跟轉化。但是最核心還是在這個活動當中，必須要彰顯出祝聖的精神。否則路跑辦完就算了，大家也都很開心，卻沒有宗教意理，就失去祝聖的意義。

就像我剛說的如果將以儀式裡面，因為我自己看很多宮廟他們在準備儀式，有些效勞生、參與者，他們會覺得說我今天在做這一件事情，其實是我在跟我的信仰進行連結。

而且在我的位子上，進行了助人的精神和是一種犧牲付出精神；我也承擔的這樣的責任。

例如關帝就承擔這樣的責任，所以我覺得剛剛這個問題，就值得大家一起來思考，怎麼樣針對不同的年齡層、不同的世代，作最適合設計。然

玄門真宗在關帝聖誕辦理賜福餐會，凝聚信徒間的友誼

玄門真宗以關帝作為修行典範　辦理年青人喜愛的路跑、庄頭廟建走

後我們在活動當中，讓他們身體實踐、感受宗教的意義。

操作與精神

今天那對祝聖儀式大概可分為儀式操作、儀式精神兩個層面來說：

首先，先說儀式要怎麼作。我們真的在實際進行儀式時，這是有歷史的回顧以外，還有一個就是在當代的一個價值。

其次，就是儀式的象徵層面、儀式的精神在哪裡。也就關帝祝聖、生日而言，我在開頭說的主神的生命史，牽涉到他的一個神聖的事蹟，或是祂的事功，祂的事功及祂所降示的教義，對我們今天也參與儀式的人理解祂的意義。

儀式精神及實際操作層面這兩項，大概是今天學者、前輩們從不同的角度都呼應了。

還有一個就是，儀式對我們每個人自己真實的意義。

就像最後剛剛寶樂先生所說，拜神、敬神時最重要最核心的意義；這核心意義大都會非常強調。可是當我們還是在世俗當中，我們除了自己是個信仰者，能夠感受到這個關帝的護佑及經典的妙意外，怎麼樣可以接引更多人、年輕的一代能夠了解這個廟宇。然後深入其精神與實際層面，大家可以從這個角度，未來還有很多可以再開展。

宗教為什麼要對話？為什麼在比較視野之下討論？就是因為這兩者，都可以幫助我們視野開闊和比較後的反思。

信仰‧修行‧行銷：談關帝祝聖的功能

台中教育大學教授　龔昶元

玄門真宗用 AR 技術吸引年輕人

第一次發言：回應高教授

剛剛聽了高教授的意見，我有幾點回應：

高教授幾乎完整的表達慶讚活動與重要的功能，包括個人、團體、社區、社會教化的功能。個人的體悟，對於神的慶讚。

宗教祝聖面臨現代化價值問題，我想從管理的角度提出拙見。

1. 信仰的核心價值再次確認

我覺得慶讚活動就如高教授提到，是人與神的溝通、人與神心靈的對話，這種對話當中有一個功能，代表我們在對於信仰的核心價值得再次確認。

2. 慶讚就是修行場域

我們要進入儀式時或要修行時，通常會有一些儀式。慶讚活動是種儀式，同樣，就是在平靜我們的心情，同時也在凝聚我們對自己信念的共識，也就說在我們講說希望能夠與大家同好，共同進入這樣的一個修行場域。其實慶讚活動就是有這樣的一個功能－凝聚共識。

3. 宣示門派文化及形象表達

祝聖儀式其實在宣示禮儀，也代表了我們整個門派的文化。不但在宣揚我們門派文化，同時也在代表我們的一個形象的表達。

如果從管理的觀點，它是一種公關形象的整合行銷。換句話說，透過慶讚活動，可以向整個社會大眾、信徒，傳達本教派希望表達的社會價值、核心價值及根本信念。

如果再從行銷學角度來看，它也是一種宗派、廟門的公關形象整合行

法師在慶讚祝壽科儀以跪拜禮當作修行

從宋朝、明朝到清朝,有各種的儀式。這種儀式表達整個歷史的一個傳承。一個教脈的延續,甚至說教脈的進化,這些都是可以在慶讚活動裡面可以展現出來。

此外,尚一個更重要的功能,透過慶讚跟不同的宗教或各界有交流、結緣的機會。不但藉著這樣的一個慶讚活動達到了祈福的功能,同時也是顯示教門願意承擔的社會責任。我們要宣揚我們的慈悲情懷、要教化大眾,透過慶讚活動儀式,其實是可以達到這樣的功能。

最後,要提到一點問題,現在各門宗教,尤其是傳統宗教都面臨到信徒老化的問題。信徒老化的問題,其實從另外一個解決方式,我覺得是透過儀式宣揚教派的溝通核心價值。

就好像說每個企業有他的品牌,傳達品牌的價值帶給大眾的可以達到的心靈平靜,未來發展信徒的活動,就是一個很重要的功能。

銷。在整個企業界作自我形象時,其實是在表達企業的願景使命、企業的經營理念,以及他想要實踐的社會的責任,甚至要提供的一個大眾的利益。

其實宗教祝聖的慶讚活動,相對來講,就是在神的旨意下,表現這樣的功能。

所以我們多元的慶讚活動,玄門真宗可以用路跑、巡庄祈福等。如果從商業角度來看,它是整個行銷的部分。透過這樣的活動,喚起民眾,告知民眾,甚至吸引他們願意來參與這樣的盛會,願意來認識這個教義,也願意和大家一起促成這樣的一個社會教化、淨化心靈的一個活動。

另外,我想要表達,慶讚活動也就展現歷史的傳承。張教授曾經提到

慶讚活動相對來講,就是一種教門的整合行銷,也就說他可以透過這

儀式，達到更多人來參與，更多人認識我們教義，甚至更多人願意為這教門宣揚教義與道德倫理，或所信仰的核心價值來努力。我想就是廣招更多群眾參與的好活動。

我覺得上述這些宗教祝聖功能，更應該受到重視。

第二次發言：反思儀式年輕化

先總結今天與會得這個各位先進，我想最重要的慶祝或慶讚活動儀軌，不可否認的都是人跟自己的對話、人跟神的心靈溝通，還有人跟社會的一個互動溝通，也希望透過這樣的溝通形成一個很重要的文化，我想大家都同意。

剛剛我提到了就是說我們在很多的宗教面臨到一個問題，就是信徒老化的問題，怎麼樣讓吸引年輕人來認識各門各派的一個教義，進而願意參與。

這牽涉到我要引進一個概念，就是文化保存的概念，現在的政府在推動很多的活動都有這樣的一個概念。我最近常常參與的一些活動－例如，地方的創生、商圈街區的再造。

他們都從文化的根本去看，在幾年前我參與台灣品牌的建立，有一個概念我想要提出來也跟各位分享。其實很多人都認為說文化的保存可能要是設保護區或是把它古老的文化保存下來。可是這樣的保存，在過去很多世界的經驗告訴我們，越保存，恐怕會流失越多。

然後有學者提出了一個概念是說，

印心湖、脩門傳達玄門真宗為修行道場

其實文化是跟時代背景、與時代與時俱進。如果要有效保存這些有意義的文化，最好方式是將比較精華的文化進入主流的架構當中，就像剛剛高教授提到，怎麼樣把我們這個有價值的教義、有價值的義理、慶讚活動，跟年輕人所接受的的價值、所接受的方式去結合。

我們用一個比較現實的例子，例如原住民有很多豐富的文化、圖騰，包括達悟族他有獨木舟的一個活動，還有像泰雅族這些圖騰等融入現代產品的設計當中。

這圖案在全世界知名的展覽中心

展示的時候，讓很多參與的專業人士感到驚艷，好奇的想知道從哪裡來，怎麼有這樣精美的東西，讓他們更想認識背後的精神理念、文化，藉由這樣他們很有興趣，就很願意參與。

其實要讓我們的慶讚活動儀軌用比較現代的方式去讓年輕人接受，我想應該是可以去慢慢思考的一個問題。

我們台中教育大學有一個區域與社區發展學系，他們有個很有意義的活動。就是在每年媽祖文化節，參加在鎮瀾宮大甲媽祖繞境、進香儀式，他們的老師希望學生也能去參加儀式。

可是我發現學生本身，可能因為好奇而參與，學生參與8天7夜。活動當中他感受到了信仰的虔誠，感受到了很有意義再過去。再看到了很多

玄門真宗用現代生活化的角度製作海報

玄門真宗以圓融國度為信仰終極價值

人對於這樣的信仰,對這樣的教義的執著,還有對於這樣的一個教義願意付出的心理。

我問來修我課的學生,為什麼還願意去跟著走,而且很長時間,而且還走了好幾次,每年都參與。類似這樣的學生,好像越來越多,為什麼你會自願,不是因為分數。

他說感受到信徒們的虔誠,然後感動,讓他們覺得說這是一個很有意義的活動。換句話說他接受了,他接受了,受到感動以後,當然也接受了媽祖詮釋的文化。我想到說首先媽祖的義理也被保存下來。

所以我們如果關聖帝君能文化和各門派能的慶典,要思考如何夠透過儀式去吸引年輕人?我相信年輕一輩

的信徒,在參與後,會更願意了解我們對神明的儀式和文化,會更願意參與;甚至變成他們的一個宣傳者。

用 AR 技術作關公圖像與信徒同在

山達基的祝聖祈願：達到靈性的自由與解脫

山達基教會高雄機構公關科長 彭玉玲

首先，感謝中華玉線玄門真宗教會對山達基教會的邀請，在此次研討與展演會中讓更多人看到各宗教派在關於祝聖儀式上的交流與不同。

祝聖，源自古希臘文，字面意思是「與神聖連結」。這是在網絡資料中能找到的定義。對多數的宗教來說，祝聖也是一種宗教儀式的表現。通常用於對所敬拜之神的讚頌、祈禱。而這些儀式有一個共通點，那就是人希望透過這樣的儀式，來與神或者是某個對象溝通，來達到心靈契合或者是祈禱、祝福的目的。

對我個人來說，我認為「祝聖」就是：祈禱祝福生活快樂安康之目的。生活快樂安康是一種願，而這個願，我們可以如何在生活中達到它呢？

山達基遵循著長久的宗教修行傳統。它的根源存在於所有宗教最深的信念和渴望，因此包含著古老的宗教遺產，如同人類本身一樣的古老和多元。

雖然山達基擷取了大約五萬年的智慧，但它是一個新宗教，它找出生命的基本法則，而且第一次發展出能夠幫助一個人更快樂，達到更崇高之生存狀態的有效技術。

使山達基得以發展和快速散播的原因，一部分是由於科學在二十世紀前半段，有相當大的進展。而山達基連接起東方的哲學和西方的思維。於是，山達基把科學方法應用於靈魂問題。

山達基是用來實踐的，在山達基有

一條逐漸啟發的道路，提供了通往更大自由的路徑，它被稱之為通往完全自由之橋。人們藉由接受聽析（靈性諮詢），並學習如何聽析而走過這座橋。它不僅會帶來極大的啟發，也會帶來精神個體，類似於神道教的偉大祕密，也就是「要滿足人的靈魂，好讓他可以回到神性的狀態。」

人們透過聽析，變得自由，透過訓練，擁有如何持續保有自由的知識。

什麼是聽析？

雖然創始人L. 羅恩 賀伯特作品中，純粹哲學性的部分本身，便足以提升文明，但只有聽析才能提供一條路徑，一條讓每個人都可以沿著它，走到更高精神覺察力狀態的精確道路。

透過聽析，人會有能力審視自己的生活方式、增進面對他是什麼與他在哪裡的能力。聽析技術與宗教修行、其他修行，截然不同。聽析不使用催眠恍惚技術，也不使用藥物。接受聽析的人完全覺察得到發生的每一件事。聽析是精密的，有完整的規則與精確的程序。透過聽析，人變得自由。知道如何自由的知識，可以強化這樣的自由。

提升精神覺察力，是通往提高生存能力及快樂之道的唯一因素，也是山達基的基本理念。

所以，山達基的實踐，是由山達基技術原理的聽析與訓練所組成的，這兩個部分一樣重要。假若你知道人會失去靈魂自由的機制，那你就自由了，因為你就不會受到它的影響。

聽析讓人看見事情是怎樣發生的，而訓練教導人瞭解原因。

也因此，山達基人在實現所謂的「願」之時，透過的方式便是藉由「聽析」和「訓練」來達成。山達基的修行包括聽析（靈性諮詢）和訓練，因為這樣的修行方式，讓人在其生活中提升了他的能力，而這能力遠遠超出他一般的想像。他不僅有能力解決他自己的問題、完成他的目標和獲得長久的幸福，他也能夠達到之前無法想像之新的覺察力狀態。

山達基提供的是真正的工具，可以讓人在日常生活裡運用。在山達基，強調的是如何精確地應用其基本原理，進而改善生活以及我們居住的世界。

我們深信，人們最終將得到靈性完全的自由與解脫。這是互古以來所有人類，不論來自各宗教派皆願達成的，在此也祈禱祝福所有的人們，有願皆成。

敬拜‧修持：談關法律主祝聖

天道總會秘書長　丁明泉

三　佛　收　圓

濟公活佛

彌勒祖師

南海古佛

關於玄門真宗奉祀的主神關聖帝君，為我們天道主神、為皇上帝護法。以及維護我們天道佛規森嚴的四大法律主之一，也就是所謂的首席法律主。

第二個，就是天道公共佛堂或者是家庭佛堂，在平日或朔望日，會香讚各位法律主的儀式。尤其我們每一年的四季大典及年節，也都會香拜我們各位法律主。

除了三佛收元的金公祖師的聖誕、天然古佛、維空等等，我們每一次都會舉行獻供、請壇、飛鸞，而且安排相待各位法律主之外，其餘的我們也

會針對關法律主個別聖誕、成道等等做一些活動。

在這方面，我準備了三首天道詩及三篇文章，與大家結緣：

一、詩

1. 韋馱尊者、伽藍大帝

驅邪除魔護法神
稟性忠厚務根本
浩氣凜然辟萬穢
真修志士神隨身

《85 年鑑》天蓮佛壇三週年聖訓

我們知道浩然正氣在修行、修持個人心靈的部分，是一個非常重要的主軸。特別是無私奉獻，讓身心靈能

140

夠協合，讓家庭一片祥和，讓社會達到一片溫暖。這是逐步漸進修持的方法。

2. 法律主

今年3月法律主提出來深入淺出、特別能夠讓感動人心的有詩句。

手握聖書行禮門義路，
學道守規坦然無虧負，
齋莊中正覺今是昨非，
尊師之訓羔羊出迷途。

天乘佛壇開壇訓（2022.3.27）

就說在修持的過程裡，比較注重內聖外王的功夫，由修持「仁、義、禮、智」，還有「格致、誠正、修齊、治平」的道理。在規矩裡面，只要不超出，我們的修持過程，自然達到了和諧的地步。

3. 慈明真君

學道之要在反求諸己，
外觀萬物理孕無不齊，
應物善物在德以充之，
養生善己內外兼治一。

《85年鑑》天造佛壇喬遷聖訓

二、文章

1. 金光祖師路中一

瞻仰諸天仙佛修持之過程，

關法律主降聖訓

效法奇功偉碩的聖蹟，聖靈自在浩瀚，為修身做人處事之楷模，精研檢修循規蹈矩真心敬之。

四書《論語》：「祭神如神在。」禮佛必須以一顆至誠純善之心，切勿自欺欺神，屢次固然以豐盛供品祭祀禮拜，口口聲聲祈禱富貴平安、長壽吉祥；甚而意念混雜，竟不知潛心修身養性、善積陰德，焉能誠格仙佛？

然而仙佛都是慈悲的，只要眾生純正信念平日真摯表現，勤修慧性依天理道德行事，力造福田積德消業，遇難誠祈仙佛慈悲佑護，則靈驗矣！

斯運白陽天道大開普傳，世人存心善良熱誠，皆能有福欣聞性理天道，受天道明師闡授三寶心法，即刻開悟明善復初智慧迸發，復能以學習佛聖

菩薩之行徑，詳知天道之玄妙道理。

希望諸徒孫們速立下堅定道志，追隨爾師弓長天然辦理末後一著三天大事，救渡芸生同登慈船，使人人本性光輝瀰足，以達至善之境，與咱們三佛祖孫攜手共聚三會龍華，九六團圓晉謁朝見顏，永證無極同享清洪，豈不善哉！

《85 年鑑》天淳佛壇開壇聖訓

2. 南屏濟公活佛

斯時科學文明物質昌盛，是個多元化發展的時代，社會層面急速變遷與發展，社會亂象越來越嚴重，因此個人權利與社會和諧確實是令人關懷的問題。

然而，世上英明的政府，給予世人有信仰宗教的自由。但願人人都能以智慧明辨，尋得自己實際需要的宗教信仰。更希望各宗教組織，能充分發揮其立教之宗旨與功能。

闡揚正確理念之教義，發展出切合現代社會需要的禮儀，輔導世人明白人生存在之價值意義，協助改善社會不良之陋習。端正社會風氣，重振綱常道德，促進社會和諧，共趨大同世界，實現人人共同之理想。

路中一及彌勒祖師降聖訓

故凡正信的宗教，均會在人們現實環境之周遭廣植純善之道苗，為斯土斯民盡心盡力造福人群，咱們天道普傳也是如此之宗旨！

《85 年鑑》天巽佛壇週年聖訓

3. 彌勒祖師路祖中一

千篇一律的修持道理，皆在至誠盡性而知天。靜能生慧，天人合一，處事皆大圓滿，尤其善積陰騭功德最為浩瀚！

篤定信心修持天道，裨益眾生之福祉，成道無疑；切莫往旁門左道去尋覓法門，空誤自身也！

丁亥年新年節聖訓《96 年鑑》

聖俗‧禮斗‧歡樂：拱北殿的祝聖功能

財團法人新北市拱北殿副總幹事 陸淑雅

新北汐止拱北殿的主神是呂洞賓呂仙祖，大家也都知道祂本身就是儒釋道三教的代表，也是三教之師。

我自己的一些想法，我以為幫神明祝壽有 5 個功能：

1. 聖俗祝聖

就是在祝聖儀式中，結合世俗活動。所謂的聖就是神明和信眾之間的連結，透過祝壽、上香敬拜這種儀式，誠心的向神明表達我們祝賀之意，在情感上會跟神明有做連結，也可以加強信徒對神明的信仰的堅定。

我覺得祝聖典禮，尚可辦理現在年輕人喜歡的活動，吸引他們來參加祝壽大典。把它更年輕化，讓大眾覺得祝聖有歡樂、喜慶的氣氛。在神聖性儀式中，穿透出社會的歡樂情感。是不是可以結合聖、俗兩種活動，創作出新模式，避免儀式的老化？

2. 社會交陪

我認為它具有交陪的社會功能，在聖誕的時候我們可能會邀請社區、宮廟之間仕紳、社區的信眾、宮廟的宗長來參加我們的祝壽儀式。參加這些相關的活動可以促進彼此宮廟與社區的連結、增加彼此的情誼。

經典稱呂祖為三教之師

3. 社會教化

在社會文化傳承及教化的功能，我是覺得說如果能夠參與呂祖的聖誕，可以了解呂祖的生平事蹟、修道成仙的故事、顯化渡人的故事。它可以達到文化傳承，也有社會教化的功能。

在儀式信仰的背後，也可以了解到呂祖修道，本廟沿革等故事，滿足信眾的求知慾的心理需求。

4. 祈求庇佑

還有他們認為參加神明祝壽這天，是一個特別的日子，祝壽、獻供的方式可以來表達他們對神明的敬意，他們會覺得這一天如果有什麼願望去祈求的話，會更加的靈驗，得到神明更多的恩賜和庇佑。

5. 財源收入

還有一個功能是我們的主神聖誕也可以增加宮廟財源的收入，因為現

在宮廟要辦理活動或者是法會慶典，來增加廟方的收入，才能為社會大眾多做一些社會服務。

所以我覺得辦理法會，也可以邀請信眾一起來誦經，幫他們登疏文，保佑平安，增添福慧。

對於拱北殿如何來為我們的呂祖祝壽呢？我們一向都是在每年的 4 月和 9 月都有辦理斗法會。春季禮斗法會為就是配合我們呂祖聖誕，從農曆的 4 月 14 日到 4 月 20 日為期 7 天的春季禮斗法會。

第一天剛好遇到呂祖聖誕的當天，拱北殿會有誦經團替呂祖奉誦呂祖的《大洞真經》和呂祖的《醒心經》，這個是收錄在《列聖寶經》中，是屬於鸞堂的經典。

剛剛我有提到呂祖本身是三教之師，三教如何來表現他們對他們神明的祝壽他們是怎麼來做。據我後面觀察，在鸞堂、佛教的方面他們會以誦經的方式來為神明祝壽。在是道教的部分，他們可能會用祝聖大典或科儀的方式來為神明祝壽。

拱北殿就融合的這三種型式，在呂祖聖誕為期 7 天的禮斗法會裡面。

我們會呂祖舉瑩祝壽大典，主要是由本殿的董監事代表信眾為呂祖行上香禮、祝壽禮、三獻禮的獻供。分別獻香、花、果、爵、財帛、麵線、壽塔，還有各種山珍海味，結束前，還會恭讀疏文，信眾在旁邊參拜，現場的儀式非常隆重。

最後，也會在大會結束的時候，現場分送壽桃給信眾帶回去吃平安。象徵人和神明一同分享福氣，讓讓這些信眾有種歸屬感。

禮斗法會就是源自於漢人對星斗的崇拜，主要的功能就是可以元辰光彩和消災、延壽還有福慧增長。所以我認為拱北殿在呂祖聖誕時，配合作禮斗法會，是合理的安排。

用禮斗祝聖

道教三獻禮：談關帝祝聖及其信仰功能

猴硐福隆應妙壇道長 潘政鵬

我就關聖帝君祝壽的三獻禮及其功能來講：

我現在先就瑞芳區宮廟的「道教三獻禮」祝壽，來作說明。

在辦理科儀之前，與會的來賓及宮廟的團體成員，都會行1-3天的齋戒沐浴禮。在當日，會選在早上11點15分後開始進行。進行前，會擊鐘敲鼓，並點燃檀香，淨化廟宇內外。然後會在廟三川殿前架起三界供桌，管理委員會要準備要行三獻禮。道士配

合管理委員會，看他們先行，還是我這邊先作。

儀式在開始的時候，我會「請神」、「持咒」、「步罡踏斗」、「通疏文」，開始稟報、祝壽。道士是代表人與自然界融合神靈溝通的橋樑，回過頭來朝內行「三獻禮」。部分宮廟會請北管敲鑼打鼓，演奏〈天官賜福〉等曲目。

其次我們就會開始行駛三獻禮，有首獻、亞獻、終獻，寺廟會指派菁

英擔任分祭官、陪祭官，拿香、燭、花、銘、爵給地方菁英行三獻禮。

在「初獻禮」時，會先朗讀三獻禮的疏文，獻香、燭、花、銘、爵、果。再來行「亞獻禮」，就不唸疏文。在「終獻禮」時，作一樣獻供。每個獻祭過程，信徒行三跪九叩之儀，各宮廟應該都是相同。

再來提關聖帝君信仰的功能，它可分為三個區塊：

首先，關聖帝君是萬能之神。

祂是提高神聖服務性的面向，與媽祖、土地公一樣，已經變成萬能之神。祂不僅要保佑健康、財富、事業、婚姻，人生面對著的功名、除穢、斬妖，各都希望得到祂的庇佑，所以關聖帝君是萬能知之神。

第二，關聖帝君的文化傳承。

桃園武濟堂每年在農曆 6 月 23 日起展開兩天的大溪文化祭，有陣頭、藝陣等宗教信仰圈，串聯各宮廟友宮參與迓熱鬧。以廟會、繞境，達到交陪彼此的情感，傳承漢人文化。

第三，為關聖帝君服務。

關聖帝君的「五常德」忠義節操典範，值得我們效法、酬神、許願，甚至為祂弘道濟世。小則先獨善其身，匯聚大能量時，就可弘道、利益眾生。信徒發至內心，對神許願，就易會成為志工、效勞生、鸞生、誦經生。

此後，他們就會提高廟宇儀軌熟悉度，融入服務時易產生感動、神奇的經驗。形成聯誼互助的社會團體，易分享彼此信仰經驗，願意推廣關帝宗教信仰，承擔神聖的使命。

瑞芳勸濟堂將關帝聖誕與觀光結合

天主教祝聖禮儀

昊元仙宗理事長　江台安

天主教行彌撒祝聖 1

一、天主與道、成聖

（一）道

天主教、道教與其他宗教的道理雷同。例如道教的「道」是什麼？在《道德經》說：道生一，一生萬物。而天主教則是：「我是唯一的真理道路」。其反應了有一個共同的主宰者，在天主教稱為天主，在南部民間信仰成為天公。其最主要目的是要我們遵循天道，趨向於完滿，達到神的境界。

（二）成聖

在天主教的捷徑是成聖。聖與魔相對應，在成聖的道路上，是指如何在每天生活中反省、修正自己的情操。在關公信仰中，就是如何讓我們自己心靈淨化，才能達成向關公一樣的情操。而在天主教中，也就是要向聖人典範學習。

2012 年教宗方濟各提出成聖的 4 個要義：

1. 勇氣：你要有勇氣。　勇氣哪裡來呢？

2. 希望：你有希望，才能夠支持你的勇氣，一直往前進去，才能推動自己去

改革。

　　3. 皈依：而你的改革，會有一個範本，你會有一條道路，所以你要皈依。

　　4. 恩寵：你在皈依的群組中相互反省、扶持、鼓勵；皈依奉侍主的道路，必得主之恩寵。

二、比較祝聖儀式

　　祝聖是一種宗教儀式，但各教中形式和含義都是截然不同。

　　（一）道教：通常在請聖之後舉行對諸天仙聖之祝禮。祝聖之目的，即在對於所請之仙聖予以虔誠之祝禮、禮讚，並祈祂賜福信眾人，並使信眾之祈願，能獲得仙聖之庇佑。

　　（二）佛教：祝聖是漢傳佛教由來已久的一項佛事活動，是對祝禱對象的讚美、自我懺罪。

　　（三）天主教：類似聖事或聖儀是聖教會效法聖事的聖號、復加教會的祈求降福人或物或地方所行的禮儀，使之從天主獲得各種恩寵。

三、天主教聖儀設置及形式

　　（一）聖儀設置

　　聖事或聖儀是聖教會立的，因為救主基督曾授予宗徒們施行降福及驅魔的權能，向某些人或物或地方覆手降福，乃為求主為他們驅除一切邪魔影響，賞賜他們獲得天主的神形恩惠。

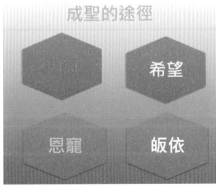

類似聖事或聖儀的成立，需要教會的祈禱、覆手劃十字聖號和灑聖水的禮儀。類似聖事或聖儀並不直接賦與聖神的恩寵，而是藉教會的祈禱準備人

天主教行彌撒祝聖 2

接受此恩寵,幫助人同此恩寵合作。

（二）禮儀形式

聖儀分為降福人、降福物、降福為保護人之聖物及降福為主所用之聖物的區別。任何降福都是讚頌天主和祈求天主,為獲得祂的恩惠。基督信徒在基督內,確能接受天父的各種屬神之祝福。

1. 降福人:降福男女隱修院院長、降福奉獻於主的貞女、此外尚有降福病人、降福產婦等。

2. 降福為敬主所用之聖物: 如降福祈禱所、祭檯布、祭衣、蠟燭、香爐、堂鐘等。

3. 用聖油祝聖之聖物,如祝聖聖堂、祭台、聖爵、聖盤等。

4. 降福保護人所用之聖物,如降福聖水、聖灰、聖枝、苦像、聖衣、聖牌、聖像、念珠等。

5. 降福教友們所用之物,如降福房屋、店舖、汽車、食品、收穫、工地等。

6. 教友們常用之聖物,為苦像、聖像、聖牌、聖衣、念珠、聖水等。

四、教友回應

教友自教會用品供應社,購得苦像、聖像、聖衣、聖牌、念珠等物品後,在佩戴或使用前,要去請本堂神父施行降福,然後再佩戴使用,始能藉教會之降福轉求,獲得卜主的恩惠。

佩戴聖物之教友,亦須向上主懷有誠懇依恃之心及孝愛之情;這樣天主的

恩惠，在他的心靈裡才能發揮出更大效能。

五、天主教施行聖儀之權

施行聖儀之權，有些屬於教區主教，部分屬於堂區神父。用聖油祝聖聖堂、祭台、聖爵聖盤之權屬於教區主教，或由教區主教委託其他主教施行祝聖；施行其他聖儀之權，不論對人、對物、對地，堂區神父都有權施行祝福。

教區主教和堂區神父常該注意教友們的虔誠類型和民間信仰。他們對聖物的表達方式是多方面的，各時代也不同。比如有的著重敬禮聖髑、有的強調朝拜聖所，有的偏重佩戴聖衣聖牌。

為支持、贊助民間宗教虔誠，必須加以牧靈上的分辨。有時需要予以淨化或改正教友們因無知所產生的偏差，此分辨任務，須由當地主教，遵照教會的規定，負責審斷執行。

六、天主教祝聖儀式

（一）天主教禮儀的根源和終向－天父

「願我們的主耶穌基督的天主和父受讚美！祂在天上，在基督內，以各種屬神的祝福，降福了我們，因為祂於創世以前，在基督內已簡選了我們，為使我們在祂面前，成為聖潔無瑕的。

又由於愛，按照自己旨意的決定，預定了我們藉著耶穌基督獲得義子的名分，而歸於祂，為頌揚祂恩寵的光榮，這恩寵是祂在自己的愛子內賜予我們的」 弗1:3-6 。

降福一詞，用於天主時，是指天主賦予生命的行動，而天父就是生命的根源，祂的降福既是言語也是恩賜；用於人類時，是表示人在感恩中向其造物主的欽崇和交付，稱為「頌揚」或「讚頌」。

從時間的開始至終結，天主的整個工程都是降福。受默感的作者，藉頌揚世界初創的禮儀詩歌，以至天上耶路撒冷的讚美詩，宣布救恩的計劃是天主一個極豐厚的降福。

在教會的禮儀中，天主的降福圓滿地顯示出來並通傳給人：天父受到稱頌和欽崇，因為祂是創造和救恩的一切祝福的根源和終向。祂藉著那為我們降生、死亡和復活的聖言，使我們洋溢祂所賜的福澤。並藉祂 基督 在我們心中，傾注那滿載一切恩賜的聖神。

因此，我們了解基督徒禮儀的雙重幅度，就是天父無條件賜給我們「屬神的福澤」，和我們對祂作出信德和愛的回應。一方面，教會為了天父「那不可言喻的恩賜」 格後 9:15、15，聯合她的主，在「聖神的推動下」 路 10:21。

以欽崇、讚美和感恩來頌謝天父。另一方面，在天主的計劃圓滿地完成前，教會將不斷向天父呈上「祂恩賜的獻禮」。懇求祂派遣聖神降臨到這些禮品上，降臨於教會、信徒以及全世界。使天主賜與的這些恩惠，藉著結合於司祭基督的死亡和復活，並藉著聖神的德能，結出生命的果實，以「頌揚祂 天父 恩寵的光榮」 弗 1:6。

（二）天主教禮儀中的基督工程：受光榮的基督

基督「坐在聖父的右邊」，把聖神傾注在祂的身體－教會之內。於是，基督透過自己建立的聖事，通傳祂的恩寵。聖事是人可以感覺到的標記 言語和行動），是我們現實人性所能觸及的。聖事憑基督的行動和聖神的德能，有效地實現其標記所表達的恩寵。

基督在教會的禮儀裡主要是表明和實現祂的逾越奧跡。

「猶如基督為父所派遣， 同樣祂又派遣了宗徒們，使他們充滿聖神，不僅要他們向一切受造物宣講福音， 宣布天主聖子以其死亡與復活，從撒旦權下， 並從死亡中，把我們解救出來，移置在天父的國內；並且要他們以全部禮儀生活的核心 —— 祭獻與聖事，來實現他們所宣講的救世工程」。

因此，復活的基督賜給宗徒們聖神，把祂的聖化權能賦予他們：他們成為基督的聖事標記。藉同一聖神的德能，他們把這權能授予他們的繼承人。這「宗徒繼承」建構教會的整個禮儀生活；宗徒繼承本身是聖事性的，通過聖秩聖事得以傳遞。

「基督為完成光榮天主和聖化人類的偉大工程，無時不與教會結合，因為教會是基督至愛的淨配，呼喚祂為自己的主，並通過祂向永生之父呈奉敬禮」。

（三）天主教禮儀中的聖神和教會

在禮儀中，聖神是天主子民信德的導師，「天主的傑作」－新約聖事－的工匠。聖神在教會中的願望和行動，就是使我們活出復活基督的生命。聖神激勵我們作出信德的回應，當祂在我們身上遇到這信德的回應時，便會實現一種真實的天人合作。藉此，禮儀成為聖神和教會的共同行動。

聖神在透過聖事分施基督奧跡時，猶如在救恩史的其他時期一樣，以同樣的方式行動：祂準備教會與主相遇；祂使會眾以信德紀念基督，並把基督彰顯給他們；祂以其轉化的德能，使基督的奧跡臨在並實現；最後，共融的聖神把教會與基督的生命和使命結合為一。

聖神準備教會接納基督；聖神在聖事的救恩計劃中完成舊約的預象。既然「在以色列民族的歷史和舊約中，已經奇妙地妥善準備了」基督教會的禮儀保存了舊約中的一些敬禮的要素，作為其完整和不可取代的部分：

1. 主要是宣讀舊約；

2. 以聖詠祈禱；

3. 特別是紀念一些救恩事件及預象，這些事件和預象已在基督奧跡中得以圓滿實現 許諾與盟約、出谷與逾越、王國與聖殿、充軍與還鄉。

天主教行彌撒祝聖 3

膜拜·學習：談關帝聖誕

木柵指南宮資深文膽 張寶樂

向呂祖學習

禮敬神明是智慧的開始，因為所有的人格身為神的，道德崇尚，有很特殊的表現，媽祖救人、關聖帝君義勇、呂洞賓醫及濟貧，每一個神明都有祂的特色。

其中，在我們中華大地台灣來說，關聖帝君跟呂洞賓最多，很多宮廟有這種信仰，沒有一個人反對忠義，也沒有人反對孝順、慈愛，這兩位剛剛好是這方面精神的代表。

所以我們向他學習，絕對不是學習單純膜拜，單純的膜拜沒有意義，他們不需要膜拜。因為他們是崇高的人，最重要的是學習他們的精神，包括技英勇、濟世精神。

我們學會這種精神了以後有什麼好處，請求祂保佑，會得到保重，不祈求祂給我們財富，我們會得到財富。因為你有的品格，自然就會，厚德載物，你的德行高了，別人就會相信你、重用你，當然有很多發財做事的好機會，創業、作事情都會支持你，就會富裕了。

保佑呢，你有好的德性，當然會尊重別人，不會得到別人的謀害，你尊重團體，團體也會提拔你。凡是你有德性的人，你的事業會成功，你的做人也會成功。

所以禮敬神明是智慧的開始，禮敬神明也是我們人生的重要的開創開始，我們不要要求所有信眾請求保佑，不是。向神明學習就是智慧的開始。

154

祝聖的精神與意涵

中華關公信仰研究學會副會長 陳芊妘

玄門真宗為關帝祝聖

主持人張教授、各位與談的教授、學者、各宗教、各宮院堂的主事、前賢，及線上所有的好朋友們，大家午安大家好。

首先要感謝今天所有撥冗參與「大道向前行II-宗教祝聖」學術研討的夥伴們，因著各位的參與，讓本論壇增添了無上的光彩和榮耀，謝謝您們。也因為各位的參與，我們才能夠再一次以學術交流的方式，來探討、瞭解聖神仙佛的慈悲與願志。

這幾天來我們齊聚線上，熱烈討論宗教祝聖的儀軌有哪些？為什麼要為聖神仙佛辦理祝壽、祝壽的功能又如何⋯⋯？個人認為為聖神仙佛祝壽，首先要瞭解聖神仙佛的本心、願志及其精神所在，除了要學習效法聖神仙佛外，還應不斷的精進努力，重要的是以身作則，將其落實於生活當中，更持續的自勉成就。因為聖神仙佛就像是我們的父母親一樣，為人父母看到子女精進有所成就，內心的歡愉、喜悅，自是不可言喻。

再過幾天就是玄靈高上帝關聖帝君的聖壽，敬謹恭祝聖壽圓融圓滿，也祝福今天所有參與論壇的好朋友們，都能因著參與這次論壇而成就無上功德，謝謝大家。

Part4
現代社會：
思考為神明祝聖？

3C 運用 ‧ 民主參與
建立祝聖典範

Part 4-1 名家點評：思考為神明祝聖
培育人才：用 3C 科技為關帝祝聖

台灣宗教與社會協會理事長　張家麟

玄門真宗運用 IG 行銷

COVID-19疫情從2019年衝擊全球，已達 3 年；進入、肆虐台灣，也有 2 年之久。

玄門真宗於前年（2020）主辦「第 7 屆全國扶鸞大會」，在北、中、南三地，作 3 場「現場直播」。及去年（2021），祝賀關聖帝君聖誕，採「線上會議」慶祝。即大量引用 3C 科技，用來宣教。

其中，去年的「線上會議」，以「修道碰上疫情不能停止」為題，邀請廟學菁英兩界上線作 5 場會議。討論在疫情期間，各宗教領袖、信徒如何用「歷史宗教經驗」、「宗教儀式」、「神祇」、「經典教義思想」，作出有意義的行動，引起各宗派信徒諸多迴嚮。

今年（2022），疫情未退止。玄門山依舊舉行 5 場會議。邀請廟學菁英，作 4 場「線上會議」，1 場在本山「實體座談」。皆以「如何為關聖帝君祝壽？」為主題，再分出下列 5 個子題，深入剖析：

（一）如何慶祝神明（關帝）聖誕？

（二）為何要作神明（關帝）聖誕之禮？

（三）神明（關帝）祝聖有那些功能？

（四）現代社會下，為神明（關帝）祝聖的省思？

（五）觀摩・分析・綜整：祝聖儀典之比較？

這種混合「線上」、「實體」會議之形式，有下列幾項優點：

1. 直播：「線上」、「實體」會議，皆可採用 3C 科技助直播。有利於信徒在宅即可點閱，線上參與。

2. 菁英論壇：為關帝祝聖，不因疫情而停止。相反之，請廟學菁英把脈，思考建立一套「制度性」、「神聖性」、「現代性」的祝聖科儀。

3. 分流：疫情當下，已有 6000 餘

2022 年關帝聖誕前夕，玄門真宗邀請各宗教團體實體展演祝壽祝聖科儀

玄門真宗線上講解關聖帝君契子女的意義、用早安圖問候信徒

玄門真宗在 2021 年舉行「後疫情時代的新生活方式與契機 - 聖凡雙修的生活方式」實踐策略論壇

人鄉親橫死，400 多萬染疫。透過分流，有利分散人潮群聚。

儘管這兩年，玄門真宗用 3C 科技為關帝祝聖，成為本地關帝廟群的「領頭羊」之一。然而，我估計未來，對於 3C 科技運用在祝聖、宣教，尚有很大的發展空間。茲舉數個例子說明、參考：

1. 虛擬實境：將本山關聖帝君祝聖科儀場景，製成虛擬實境（virtual reality，VR），或是擴增實境（augmented reality，AR）。讓信徒身入其境，參與祝聖。

2. tiktok 影音：思考將關聖帝君《三國志》、《三國演義》、《碑刻》、《顯聖圖像》等詩歌、故事，製作成極短片，用來弘揚「仁、義、禮、智、信」五常德聖道。

3. 早安圖：委請信徒投票，篩選出玄門山 10 大景，將之製成「修行」、「勵志」、「精進」、「持戒」、「禪定」、「般若」、「布施」、「立己」、「度人」之正能量早安圖。

4. 教尊語錄：將玄興教尊上課之內容，製成類似佛光山星雲大師的《迷悟之間》，法鼓山聖嚴法師的《108 自在語》，慈濟功德證嚴法師的《靜思語》。使用影音方式錄製成《教尊語

錄》。

在後疫情、後工業時代，為關帝祝聖，應跳出傳統思維。思考借 3C 科技之軟、硬體，為我所用。

因此，在本山既有的「影音人才」基礎上，應該逐年持續深化「節目製作」、「宗教專題報導」、「攝影錄製」、「燈光音控」、「節目主持人」、「宗教知識」之專業人才培育。

可以考慮組「影音製作小組」，定期、常態開會討論。依宗教「節慶」、「儀式」、「修行」、「神祇」、「教主」、「志工」、「神職」、「藝術」等，作「主題式」的發想。

引導 3C 科技人才，製作可看性高、優質的「節目、短片、圖片」；作為本山弘聖道、興鸞教之用。

玄興教尊線上講課，並講解恩主聖訓

玄門真宗運用 AR 行銷關聖帝君信仰

虔誠·專注·懺悔：關帝祝聖之修行

台灣宗教與社會協會

為關聖祝壽修五常德

　　信徒參與關帝祝聖，可以當作修行嗎？當然可以，理由如下：

　　從儒宗神教沐恩鸞下的角度觀察。

　　在楊明機著的《儒門科範》，載明各種鸞生經年累月參與鸞堂之扶鸞儀式，即形同身在鸞門之修行。而且，其參與儀式即有功德，早已記錄在天曹，未來將有成神之果報。

　　現在參與關帝祝聖，是參與廣義的鸞堂儀式。在祝聖過程中，奉獻自己身心靈給神，當然如同修行。以「因果輪迴報應觀」來說，信徒在關帝祝聖科儀，扮演各種角色，即種下「善功德」，未來可得「善果報」。

　　次從孔教弟子的視角來看。

　　在《論語·八佾篇》：「**祭如在，祭神如神在。子曰：『吾不與祭，如不祭』**。」孔子早就告誡，參與祭祀祖先、祭拜神明，內心就想像祖先、神明在自己心裡，這種祭拜才有意義。

而且，自己親自祭祀，遠比他人代表自己祭祀，來的有意義。.

依此類推，參與關帝祝聖，必須用虔誠心冥想著關帝再來祝聖，才能彰顯出祭祀者與神之間的神聖情感。尤其，祭祖忌日、祭關帝聖誕，必須親身參與，假手他人代求，這種儀式已就毫無價值了。

三從佛教弟子角度來看。

所有修禪者，「坐、臥、立、行」，無處不是修行。靜坐有「靜禪」，生活、運動有「動禪」。當我一心一意、專注、心無旁鶩時，就可「坐如鐘、臥如弓、立如松、行如風」作禪定之修行。

依此，當我以「專注心」祭關帝聖誕，何嘗不是修行呢？無論是獻香、燭、花、茗、爵、饌、圭、帛，或是當通贊、禮生，司禮發號施令、唸誦疏文、帶領獻官，只要當下專心於祭祀，動靜之間，皆已入禪、修定。

四從正一道教弟子來分析。

第一代天師張道陵（34-156）將古

楊明機的《儒門科範》視參與儀式維修行　　　　六祖慧能

孔子：《論語》祭如在祭神如神在　　六祖壇經：行坐臥立皆是禪

老的天、地、水三種自然神祇崇拜，轉化為天官、地官、水官等三官大帝信仰。並賦予農曆正月十五、七月十五、十月十五，為三官誕，稱之為上元、中元、下元節。

祂帶領信眾，在此三個節日，施行「三官手書」之儀。與祭者須書寫懺悔文，向三官大帝懺悔。祭拜後，分別於上元節焚燒此文給天官大帝，中元節瘞埋此文於地下給地官大帝，下元節將此文放入水中漂流給水官大帝。

今日，鸞門子弟兼修三教，亦應懂得道教在三官大帝誕辰時的「懺悔修行」之方。可將之平行移轉到關聖帝君誕辰時，作類似「三官手書」之懺悔文。祝聖時，懺悔自己平日是否踐履「仁、義、禮、智、信」的五常德。

如能在關帝聖誕懺悔，行同自我一年一度，深刻反思「五省吾身」：即是對人仁慈、有慈悲心嗎？作事符合正義、為所當為嗎？待人有分寸、不僭越嗎？遇困境有智慧化解、臨難關可作合宜判斷嗎？對朋友信守承諾、誠懇信任他人嗎？

講到這裡，告一段落。如果您是關聖帝君契子女、門下生、效勞生、鸞下生、鸞手、法師，平日理當兼修儒宗神教及儒、釋、道三教之修身心靈法門。

而在關帝聖誕時，大夥行禮如儀。您不妨擇其中一教義理，作為修行之參考架構。我相信，您在祝聖當下或儀典結束後，定當道業再次精進、心靈成長、內心清新、滿載而歸！

張道陵創三官手書之儀：要求信徒向神懺悔自己

修行・立誓：談玄門真宗祝聖之祈願疏文

台灣宗教與社會協會

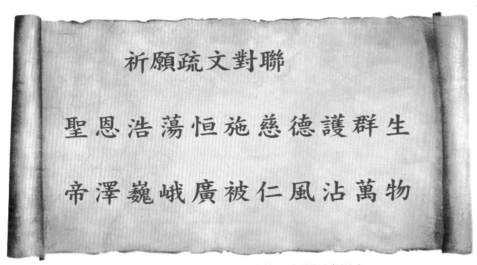

祈願疏文對聯

聖恩浩蕩恒施慈德護群生

帝澤巍峨廣被仁風沾萬物

疏文意涵：祈求聖恩浩蕩，庇運國泰民安

一般關帝廟執事及信徒，在關聖帝君聖誕，作三獻禮。簡單者行拜拜、鞠躬禮；慎重者，以三跪九叩首獻祭。

另有更殊勝者，備有「祝壽疏文」，誦讀給關帝聽，以表人對祂之虔誠、隆重情感。

玄門山更為特別，在獻祭之外，尚有「疏文」及「祈願疏文」。「疏文」與一般廟宇雷同，在此不多言。「祈願疏文」則有其特色，值得討論。

它以「古體對聯」開頭：
聖恩浩蕩恒施慈德護群生
帝澤巍峨廣被仁風沾萬物

藉此「感謝」帝君之恩澤外，全文一部分以「四句聯」書寫，「讚美」帝君大慈大悲；大部分用「白話文」表達對關聖為恩師、教主、主祀神、最高神的「效法」、「修持」。

我以為，舉世祝聖關帝聖壽無疆，大都只有祈求祂「顯赫、庇祐」的疏文；反觀此祈願文，散發出濃郁的「修行」、「利他」味道。在其資深法師以河洛古音帶領朗讀，會眾同時共誦，使整個玄門山頭洋溢著神聖、肅穆的情感。

仔細看此文，尚有幾個重要意涵，

頗值得我們細細品味、參考、推薦。

1. 對天咒詛

一般「疏文」只是懇求關帝顯靈庇祐，感念關帝廣被恩澤。而「祈願文」除了讚美關帝聖恩浩蕩、帝澤巍峨外，尚著重信徒個人、所有沐恩鸞下集體，對關帝祈求、咒詛、立誓。

2. 法五常德

祈願的主軸在於以關帝為「恩師」，這在民間宗教的關帝廟少見。強調法祂的「仁義禮智信」五常德。

這展現出玄門山欲作為「修行」、「效法」、「學習」關帝典範的道場。在一般疏文中，幾乎絕無僅有。

3. 自度度人

文中指出自修、度人兩種法門。既希望擁有帝君的「仁」慈感化，又能慈悲待人處事。既擁有帝君的「義」魄教化，又能圓融引渡眾生。既擁有帝君的「禮」遵威儀，又能自我威儀眾生。擁有帝君的廣大「智」慧，又能慧引渡眾生。擁有帝君的「信」行

疏文意涵 1：讚美關聖帝君並向祂立誓

疏文意涵 2：法關聖帝君五常德

疏文意涵 3：自度度人　　　　　　疏文意涵 4：尊關帝為天公

精進，又能自我成就引渡眾生。

4. 尊關帝為天公

　　在文中，祝賀關聖帝君聖壽，向祂、祈願時，兩度稱祂為「玄靈高上帝關聖帝君」。這是把兩岸在雲南、台灣，於民國 13、16、60 年三次扶鸞降筆，由三教（五教）教祖共推帝君坐上凌霄寶殿掌理天盤，尊稱祂為「第 18 代天公」的名諱書寫出來；尊祂為唯一至高神。

5. 庇蔭國族與個人

　　再用四句聯，表達庇蔭國族的心聲：「神靈顯赫，護國護民，風調雨順，國泰民安。五穀豐登，四時吉慶」。及庇祐弟子願望：「身體康健，事業如意，財源廣進，男添百福，女納千祥」。

　　整篇祈願文，兼具「傳統與現代文體」、「立己與立人大願」、「向關帝祈禱與發誓」、「顯靈與修行兼具」及「個人與族國庇蔭」等特質。讓我們一邊祝賀「關聖帝君」聖壽，一邊冥想祂的教誨。

　　它使虔誠心禮神祝壽的「三獻禮」，昇華成對神咒詛、自度度人的「修行禮」！

從關聖帝君三獻禮談傳統文化的維繫

逢甲大學教授 王志宇

一、前言

《中國禮儀大辭典》：三獻禮是祭祀禮儀，其義有二：一是指祭祀中獻酒三次，以進獻先後次序分「初獻爵」、「亞獻爵」、「終獻爵」，緣起於《周禮》。二是指祭祀中所獻三種牲體。《禮記・郊特牲》：「郊血，大饗腥，三獻爓，一獻熟。」論者認為三獻禮一詞最初出現在《隋書・禮儀志》，書云：「終隋代，祀五方上帝，止於明堂……皇帝、太尉、司農行『三獻禮』于青帝及太祖……」。可證在隋代已有以初獻、亞獻、終獻為主要結構的祭典形式。此為古代皇帝非常重視祭祀，尤其祭祀天地的「郊祀」，帝王皆親自主祭，行三獻，或由皇帝初獻，另由臣子行亞獻及終獻。在《禮記》、《儀禮》所出現的三獻之禮，

用三獻禮祭拜媽祖

指進獻次數而言，適用於祭社稷五祀、國與國的外交之禮、喪禮、祭祖與成年冠禮。其結構儀式完成於南北朝，至唐朝才有三獻禮的名稱正式出現。三獻禮成為祭祀的重要儀禮，甚至明清時期已發展成為民間祭典的重要形式。

二、三獻禮在神明祭典的應用—內埔天后宮媽祖聖誕三獻禮

內埔天后宮媽祖是內埔地區重要的信仰中心，該廟祝壽祭典原於每年農曆三月 22 日晚上子時舉行，礙於結束時間太晚而改於 23 日早上十點舉行。祭典時會放上臨時神案，擺上香爐與三牲等祭品，兩旁置豬羊各一隻，左豬右羊。神豬附

近置水馬草。三獻禮禮生的設置有通生一人，執事一人，引生（兼執事）一人，由廟方人員擔任。三獻凡進酒進祿與讀祝文，均由引生引主祭、與祭二人自左而右獻於媽祖神座前。其典禮分為：1. 祭典儀式開始，2. 上香，3. 禮禮教，4. 就位，5. 髭油毛、盥洗，6. 盥洗，7. 降神，8. 參神，9. 行初獻禮，10. 讀祝文，11. 行亞獻禮，12. 行三獻禮，13. 分獻禮，14. 滿堂加爵祿，15. 獻帛化財焚祝文，16. 辭神 17. 禮成。

上列各項目各有寓意，通過毛血向神明證明祭牲體內乾淨、體外齊全。盥洗有洗手之意，代表對神明的尊重。降神是請神降臨享用之意。饌用牲體內臟，是透過肺、肝、心，三者皆是容納生命之氣的主要器官，用以祭神，表示精純等。第一次進獻，稱初獻，祭品以「酒」、「饌」（或稱爵、祿）為主，第二次進獻稱為亞獻，重複進爵、進祿的動作，第三次進獻稱為三獻或終獻，重複亞獻的動作。三獻後，由其他人上前獻祭行分獻禮。傳統的分獻禮作用在配享其他神座[1]。是以三獻禮祭典，從各項祭儀而言，都有其祭祀上的寓意，這是在祭典活動上必須了解的敬神禮法。

三、關聖帝君三獻禮祝壽的再思考

神明聖誕三獻禮的進行，除了延續過去傳統敬天地鬼神的傳統外，其祭典內涵乃透過初獻、亞獻、終獻等，彰顯人對於神的敬意。鸞堂的設置本就重在教化活動，對於關聖帝君的禮敬與崇拜，除了透過三獻禮彰顯信徒對於關聖的信仰

周禮與禮記記載三獻禮內容

1　內埔天后宮三獻禮，參見廖聖雲，〈台灣六堆客家地區三獻禮儀式之研究〉（屏東教育大學中文系碩士論文，2009），頁 79-90。

當代台灣宮廟執事以釋奠禮祝賀保生大帝、孔子、關帝聖誕

外，一個可以進一步思考的是如何彰顯關聖的精神與文化。祝壽活動正是信徒可以聚集活動的時節，透過此一機會或可安排一有關關聖的學術講座，透過講演活動的進行，更可以讓信眾，了解關聖帝君的相關文化，進行發揚關聖的精神。

另一方面，傳統的道德文化，是關聖帝君信徒自覺所肩負的傳承使命，這種傳統實可從很多方面著手加以維持，包含了傳統戲曲。過去我一直在呼籲，寺廟的管理者應該留意台灣日漸式微的傳統戲曲，這些傳統戲曲是台灣傳統文化的一部分，在時代變遷下，似乎敵不過目前的影視媒體，而日漸衰落。但傳統戲曲是台灣寺廟文化中的一環，台灣的寺廟領導者，絕對不能坐視這些傳統戲曲的消失，這些戲曲的消失，絕對是台灣寺廟文化的缺憾。而台灣寺廟的活動正是這些傳統戲曲賴以生存的場域，如何透過寺廟活動，納入這些傳統戲曲，也讓年輕人有機會接近傳統戲曲，讓他們能欣賞傳統戲曲文化的奧妙，這種傳統文化才能夠維持和生存。關聖帝君的祝壽活動中，有沒有機會讓這些布袋戲或歌仔戲能夠選擇好的劇本，在祝壽活動中頁獻其應有的腳色，恐怕是各寺廟管理者需要深思的地方。

四、結語

　　三獻禮是台灣許多寺廟神明祝壽活動使用的儀典，但這個儀典的許多寓意，並未能在活動中彰顯，使許多信徒僅是如禮行儀，卻未能理解這些典禮的意義。是以如何讓信徒在祝壽活動中，能感受人與神間的關係，甚至能在活動中也能受到關聖帝君精神的感召，恐怕需要透過更進一步的講授活動才能解決。鸞堂的發展，教化本是其中重要的一環，這一類的活動，應該透過關聖帝君的節日活動來強化。另一方面，我們也注意到過去玄門真宗為了吸引年輕人，以在關聖帝君聖誕前夕，安排了路跑等活動，逐漸吸引年輕人進來。鸞堂在維持傳統文化之際，對於過去與寺廟共生的傳統戲曲，似乎也應該著手規劃，如何推廣這些傳統戲曲，一方面能讓年輕人接受並能夠對其產生興趣，有了基本的觀眾，傳統戲曲才有其市場，也才能在現代社會生存。在關聖帝君的祝壽活動中，或許可以進一步思考，結合這些傳統戲曲，為台灣的無形文化資產，提供養分。

廟宇提供傳統戲曲展演空間

Part 4-2 線上座談：思考為神明祝聖

討論題綱

1.疫情期間如何採用 3C 科技為關帝祝聖？除了現場直播之外，還可以透過哪些方式進行？

2.信徒參與關帝祝聖，也是修行的一種方式嗎？如果是的話，其道理為何？

3.當代民主社會強調人人參與，如何把這項精神落實在神明聖誕儀式中？

4.當代社會強調「工作效能」，官方的孔子釋奠禮儀式被大量簡化；您認為關帝聖誕有必要跟進嗎？或如何辦理祝聖，才能發揮應有的效能？

5.有必要為關帝聖誕訂定一套標準的慶讚儀軌嗎？如何行作比較合理？

在關帝祝聖中體會五常德教義

開場：宗教祝聖與當代社會

台中教育大學教授　龔昶元

　　各位先進大德大家好，今天「2022 大道向前行宗教祝聖學術研討跟展演」，主要討論的主題就是我們為什麼要有神明－關聖帝君要有個祝聖的活動。

　　在這裡我們會跟各位討論神明活動的意義是什麼，那為什麼我們的一個活動當中，我們為什麼要辦這麼盛大，活動重點在哪裡，透過這樣的一個活動，我們較深入討論怎麼樣能夠讓大家能夠參與。

　　在參與當中讓我們更深入的了解教義，也就讓更深入地了解到關聖帝君要讓我們知道的意思、真正的奧義，所以希望能夠帶給各位更深入的儀式探討以及正本清源，追溯本源，來認識關聖帝君五常德的意義，歡迎各位，祝福大會成功，謝謝。

三獻禮之餘：宗教祝聖與當代社會

逢甲大學教授 王志宇

三獻禮作為關公祝聖的教化意義，應該被顯現出來

　　大家午安，今天剛好有個機會，透過這樣的一個視訊會議，來談談關公祝壽與現代社會之間一種關聯性。我想在開始主持人引言的時候就提到，現在關公祝聖活動大概都跟「三獻禮」來進行。

　　這儀典緣起在周代，已知道在明、清時，都還有一點點的一個變化。但是，大概可以知道，到了明清時期的三獻禮－首獻、亞獻、終獻為主的結構。而且，它已經慢慢影響到了民間社會。

　　我想今天我在這邊，不是去談三獻禮本身。因為，我能夠把三獻禮上每一項儀典的背後所代表的意義，說清楚那當然最好。但是，我今天更需要再去談的是，過去在做宗教儀式的研究中，有學者就利用了所謂的「常與非常」這樣的概念，去談在特定的節慶，他人會表現出一些不太一樣思維跟行為。我想祝壽期間，事實也是如此。

　　所以，在節慶時間裡面，除了傳統有的三獻禮祝壽活動外，我想我們

必須要去思考一件事情：我們看到以關公為主神的鸞堂體系，它原來很重視教化。這教化本質，如何在「關公祝壽」中，被呈現出來。

我想可以深入擴展，就是除了對三獻禮本身的意義、註解外，更應該去加強；是不是可以透過一個機會去擴充量能，好比說發展出這一種學術講座。我看起來，玄門真宗目前正在做的事，就已經是往這方向開始在做了。

這個學術講座，是除了開「研討會」外，其實也可以開「課題研究」，邀請相關的研究者來主講、對話。在鸞堂的教化活動中，思考它的主題，如何跟現代社會產生關聯。

我們知道當今台灣社會，面臨的非常多的問題，COVID-19這種瘟疫、疾病，只是其中的一項。事實上，當前傳統道德喪失，我們應道德實踐、注重，也是重要的課題。

人跟人之間的關係，已經不是過去傳統社會關係。所以，社會中充滿暴戾之氣，一直在周匝發生。我們看到，鸞堂過去到現在，一直在強調「四維八德」、「五倫」。都希望透過宗教教化力量，穩定、建立善能量的社會，能夠維護優質的人倫、人際關係。

除了這個之外，我想在這裡有一件事，應該值得各宮廟的宗長、主事，稍微去留意一下。我覺得需要去關心非物質傳統文化流失的現象。這裡面，跟寺廟相關的是傳統戲曲，它在現在社會裡正在流失中。

傳統戲曲本身好不好，只關係到傳統戲曲自身的問題。它牽扯到了另

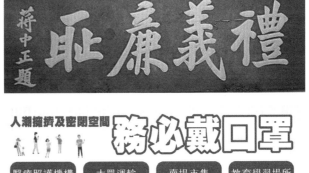

關公祝聖可關注社會的倫理道德、疫情等問題

宮廟作為祝聖空間，給與傳統戲曲文化表演、傳承

一個深厚層面的思考，就是我們對傳統文化是否在能夠再堅持、去蕪存菁。我們看到過去三四十年前的社會，小孩子開始圍繞在宮廟周遭，很多的精神、文化，都是受到布袋戲、歌仔戲的影響。

而在宮廟場域裡面，它其實是最有機會給予傳統戲曲養份。透過祝壽節慶，能夠保留一些時段、一些舞台，讓優秀的傳統戲曲文化表演團體生存空間，讓它們能夠在宮廟的戲台發光發熱，持續發展下去。

我想這是很重要值得線上的宗長、各寺廟主事，謹慎思考的問題。因為將優良庶民的傳統文化維持住，它其實也代表台灣普羅社會的底蘊及生命力，標示我們對傳統華夏文化的堅持與維繫。

宗教祝聖與當代社會

在我的這個教學現場裡面，其實我們可以看得到現在的學生，大概在過去台灣以科學為主軸，一直不斷地強調科學化情況下，他們對於台灣的宗教信仰，是比較缺乏接觸。

所以，我在學校裡面開了台灣民間信仰課程，很多的學生修完課後，

跟老師說謝謝老師，都不知道原來在這個周遭，有這麼多有趣的信仰現象。

我想，今天大夥一直在談祝壽聖典、三獻禮，所呈現出來的意義。那這裡可能需要很快去面對一個問題，就是思考如何把年輕人吸引進來，參與宗教祝聖。

在目前台灣社會，這些年輕人跟台灣的傳統宗教信仰之間，其實已經產生的斷層。

對此，這幾年我也看到家麟教授談到玄門真宗，已經試圖去改變這現象。例如在關帝聖誕，辦理慢跑活動，吸引年輕人參加。這就像龔教授所提到的宗教體驗。

我剛提到的那個概念很重要。為了讓年輕人能夠體驗，當然可以安排一些作為，吸引年輕人進來。如流行歌曲裡面，能不能邀請到一些天王級，讓年輕人來，我想這都是好事。

如何在這樣的一個安排之下，有機會讓年輕人稍微的去體驗一下。或是傳統戲曲、布袋戲、歌仔戲也好，只要能夠讓人著迷、吸引人，就要適切來做安排。

對這問題，可能還要集思廣益，想辦法來解決。提出方案，讓年輕人進到寺廟、宗教儀式、道場空間。進而能夠讓他們對於儀典、宗教文化有一點經驗，而能夠產生興趣。那麼，它可能就有機會，成為未來宗教發展、宗教道德推廣的重要養份、動力。

玄門真宗祝聖已經與路跑、學生社團結合

AR 科技・體驗行銷：宗教祝聖的轉化

台中教育大學教授 龔昶元

玄門真宗運用 AR 宣揚關帝信仰

第一次發言：運用 3C 的效用

今天主題各位看到，剛剛玄門真宗所播放的「為關帝祝聖」的精華、極簡版影片，利用現代 3C 科技來傳播本門的義理跟關聖帝君的精神，傳達其真正的奧義。

在這裡延續前幾天的一個議題，大家都有一個共識，即慶祝儀式是一種人跟神溝通之媒介。經由它，可淨化心靈、盡社會責任、保存傳統文化及自我修行等的多種元素。

這些元素，我們先前線上會議也提到。其中，傳統元素怎麼保留下來？我以為，基本上要讓更多人去了解宗教祝聖的外在型式及內在義理。唯有讓更多人參與生存，甚至在每一個人的心中感受，保存儀式的最好方式。

所以，玄門真宗充分應用了現代的 3C 科技，排演祝聖科儀，更多人願意參與，進而了解到它隱含的真正教義。

所以，在此我願意提供一點學術理論及研究心得。

1. 易用性：我們經常講說，新科技跟它的內在元素、功能，要讓人們

接受，必須是它的「易用性」，很容易被人操作、使用。

2. 便利性：它要非常便利，舉手可得，隨時可見。

3. 有效性：它的內容、功能，被大家認為是有實用性，且具效能。

這三點是新科技得以傳播的重要因素。

其中，有效性更為重要。將它思考運用在宗教祝聖上，就是說此儀式內容，可以讓我們達到什麼樣的效果。它可以幫助我們在人生的過程當中，取得更高的修行境界？讓我們的智慧增長、身體健康？這些，就是儀式的有效性。

在這件事情，我們玄門真宗希望達到什麼儀式效果？就可考慮採取、應用現代的虛擬實境商業科技。例如，讓年輕人透過 AR、VR 科技，接觸本教門的「宗教祝聖」儀式。讓更多的年輕人接近古老儀式，而感到新潮、有趣、有效用，進而願意傳播本教門儀式，或願意來接觸本教門的義理。

另外，又如張教授所提到的有一些新元素可以與時俱進，可以增加進入儀式中，而使人知道儀式的有用、便利、有效性，就更容易讓人接受儀式。

例如主持人提到，基督教會禮拜增加五月天的新潮音樂元素，年輕人都喜歡，就加入作禮拜、讚美神。此時，牧師講道也讓大家更願意接受。而且，在接受過程當中，很自然而然接受宗教慶讚儀式。

能夠接受、參與儀式，才有希望

玄門真宗拍攝修行影片，置於 Youtube 平台行銷

了解它背後的真正義理。因此,我們必須引進現代科技生活裡的體驗,才能讓大眾參與儀式,也才有機會讓儀式的義理能夠很自然而然進入大眾的心靈當中。

簡言之,唯有體驗它的美好,體驗的過程產生的愉悅感;儀式容易被接受、保存。

因此,我建議:宗教祝聖應導入「體驗行銷」的概念。將現代化概念結合VR科技,運用在傳統慶讚儀式上,就容易將之發揚光大。

事實上,「宗教儀式」正如同一種「品牌宣示」。正如昨天提到了,各宗派的宗教儀式代表自己宗門的「品牌展現」,及「核心價值推廣」。現在,再透過3C科技,讓現代人更容易體驗,我想這些作為,將會更發揮效果。

第二次發言:兼顧理論、實務

我剛剛我聽了各位先進、各宗教門派的分享禮讚、儀式、祝壽慶典,還有一是以前怎麼樣去吸引更多人來參與。比如說我們看到慈德慈惠堂他用了一個現代通路及現代產品的創意來吸引更多的人。

其實我有一些心得,願意跟大家分享:

宗教是與時俱進的,同時從張教授過去任教的大學宗教學系來說,它後來就加入了「資訊管理」,變成「宗教文化與數位管理」學系的概念。我們看到了宗教學系在與時俱進。

同樣的道理,理論跟實務的結合,理論提供實務的指引,實務的作為也提供了理論的反思,從而讓兩者更加的進步。

我再從管理學的角度,提供幾個看法:

我們現在行銷裡很重視的是－體驗行銷,這是現代的一個觀念。如果我們把各個宗教,都變成每一個品牌。就會思考,如何吸引更多人來接受。

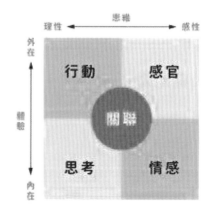

史密特 (Bernd H.Schmitt) 體驗行銷理論

玄門真宗在 Youtube 行銷中元普度

　　當我接受這理念，進而幫助這些社會大眾得到自己所想要的東西。正如科技的有用性、有效性，更加讓很多信眾接受。所以，我用體驗行銷理論中的「感覺、情緒、思考、行動、關聯」等五大元素，提供給各位參考。

　　所有的儀軌，我們將它融入體驗行銷的元素裡。

　　1. 儀式感覺：首先，儀式提供來參與人的一些感覺。我進入一個莊嚴的國度、莊嚴儀式、慶讚儀式的程序中。由於各門宗教、教派都有它的特色，所以就會引發參與的人的情緒，例如我們看到一些宗教的元素融入現代的雅樂、獻禮中，然後會引起一種情緒反應。

　　2. 引發情緒：第二元素就是情緒，有情緒以後，當有感覺導引到人的情緒，你可以看到我們的心靈跟感覺就跟我們所體會周圍氛圍結合，因為我們情緒引響到啟動我們的善根、啟發心靈。

　　3. 思考修行：所以我們就會開始思考我跟這門派、儀典與我個人的關係、個人追求修行、進入文化情境中，我們的關係到底是怎麼樣，我跟人的關聯，我跟神的關聯、我跟道的關聯，還有我對未來圓滿人生的一個期許的

關聯，義理的關聯，進入我們的一個思考上面，也就是說進入我們的個人及參與人信眾裡，透過這儀典，讓參與的人有這樣思考以後，思考產生信念，信念產生信仰，信仰會產生行動。

1. 圓融行動：如果我們的儀軌可以感動人心，讓他覺得是有用、有效，或是觸動他心靈的弦時，我相信參與的人都會產生行動。我們看到體驗行銷中的商業操作，就是行動。在商業裡面行動，是指會去購買。而在宗教，則是勸人為善，追求正道義理，要幫助人們修行，增長智慧。所以我們不是要信徒購買「物品」，是要他產生行動，來深化個人人生追求的圓融，也對我們宗教信仰，有更加深層意義。

5. 行道關聯：所以，在這行動當中，透過儀軌－三獻禮、九獻禮的體驗，這樣就會產生關聯性思考。想到它的教義，進而想到用什麼樣行動，來實踐我的教義。我個人認為體會道理、實踐教義，也在做個人的修行，也在遵守個人的「道」。

其實從對心理來講，人是有希望願

善用 Youtube 行銷關聖君帝的修行課程

望，跟企業一樣有願景。例如在婚禮上，她希望能夠找到好的另外一半；在財務上，他希望能夠追求財務的自由；在個人上，他希望能夠廣結善緣。

每個人會有他自己心裡想要追求的一些正道，我們的各門各派其實提供這樣的一個需求。這就是人追求的義理、正道，產生關聯。

我再次跟各位大德分享，就是在強化「體驗行銷」裡面5個元素。其實，都可以從慶讚的儀軌看到，如果我們可以善用這樣的工具，我相信，可以吸引更多人。這種工具，就是我們在一直在希望善用3C的科技、AR、VR，讓大家身臨其境。

第三次發言：結語

所以我願意再重複說，在體驗行銷裡面的5個元素：包括感覺，透過儀軌讓他有感覺，薰染到信眾的情緒，進而讓他進入深層的思考。思考對人的義理、對正道的信仰，對於我們人生的追求。

當他的思考有了更深層後，會產生行動。在行動以後，就會跟我們的教門有所關聯，於是他會去奉獻，他會去幫助別人。他會去作對自己有利、

製作早安圖卡行銷玄門真宗

對國家有利、對社會有利的事情。進而他會淨化個人的心靈，個人的修行、修身，也就改善。

所以，以上為我對體驗行銷的心得。

今天，非常感謝各宮廟來分享慶贊禮儀，我覺得有這些體驗行銷的功能，如果再加上面的作為，我想會有更好的未來，也會讓正派義理，幫助人們的修行，更進一層增長福慧，進入我們所追求的圓融國度。

為我所用‧宗教祝聖因時應世

玄門真宗教尊 玄興

玄門真宗對於線上媒體的應用，這幾年來我們恩主非常的強調與要求我們要落實作好。

事實上，這道理很簡單：

1、經濟效益

我們應該要在經濟效益上來做思考。我們曾經跟大家要討論過一個廟宇蓋起來大概花上億元。如果你要裝潢的金碧輝煌要幾億元以上，可是你作好幾億元的這個道場、寺廟，到底一年期間有多少信徒來？使用率有多高？

就變成經濟效益可以說是非常低。我們不是說廟不重

玄門真宗在興建道場與弘法宣教並重

要，建的金碧輝煌很重要。但是它讓信徒、門徒使用率如何？是大家要去思考。與其如此，不如將此經費用在刀口上，運用在宣教、弘法事業。

2、因應科技

另外，玄門山要配合科技時代潮流。現在大家手上都有一隻手機，甚至把它稱為這是載具。我一直在思考，如何節省大家到道場的時間。這幾年來，我們透過像今天線上會議方式，來開修行課程、效果卓著。

過去下班要最趕到道場來上課，須花1個小時，上完1小時課後，又要回去。光是來回的路程時間，就佔了上課的2/3。所以對這樣思考，避免大家為了要到道場來上課、來修行，影響到家務、作息。

現在我們改成在線上，我鼓勵大家、全家大小一起上線，在家裡煮好晚餐，吃完晚餐後，大家線上上課。這就是透過了3C科技來推展宗教教育。

3.擴大運用

甚至我們推廣了很多媒體製作。包括留一個AR功能，讓大家感覺到恩主隨時在你的身邊。

今天主要的主題是「宗教祝壽」的3C應用，我們可思考一下，祝聖活動對象其實有分別。我們向神祝壽，可以分成參與的門徒、信眾兩類對象。又可分為現場與線上兩種方式。

另外，在為神慶讚內容與科技運用方面：我希望在每一次聖壽儀式外，再加些學術活動及教內的相關課程。透過3C媒體，同步運用fb（臉書）、YouTube傳播。有時間的信徒，可以來

本山參與；如果你沒辦法來，在家裡就開手機，線上參與祝壽儀軌。

我還希望能夠線上互動，除了看以外，設計彼此互動橋段，交流彼此經驗及感受，也鼓勵大家在線上留言。

當然，如何把宗教儀式與3C結合應用，對現代年輕人而言，比較容易接受。然後，把我們固有的文化和宗教的內涵，傳達到教內、外所有人的心中。今天的會議，也是這樣的思維下進行。在此向各位好友作說明。

因應、擴大3C科技使用於弘法上

參與‧修行：宗教祝聖與當代社會

理教總公所總執行長　胡文中

祝聖時兼作求順利、法布施

第一次發言：祝聖與求順

後學今天要分享的題目是，信徒參與各宗教主神的祝聖，也是修行的一種方式嗎？如果是的話，其道理為何？

我們理教主神的是南無本師聖宗古佛，所以，後學今天要分享的是理教南無本師聖宗古佛的聖誕法會。信眾一般來參加法會，有兩個主要原因：一方面是為了「祝聖」，另外一方面是為了「求順」。

其中，求順不外乎是求自己或家人的健康，不然就是世間的名、利、情感，這是一般凡人會做的事情。因為世人多半都顛倒了夢想，向他們說大道理，大多都聽不進去。

總是要到山窮水盡，才會求助於佛菩薩。還好佛菩薩慈悲，人與神藉由「交換法則」，人有供養神，而對神期待，希望佛菩薩就會相對的對我們會有加持。所以，信眾們就會乖乖的來祝聖。簡單來說，這是交換法則。

就一般大眾的宗教情境的心裡來看，祝聖本身是一神聖的儀式。他們藉由參加神聖儀式，自然會進入一個共振的模式。比較莊嚴的法會，本身就會使人產生恭敬心。祝壽的喜慶氣氛，自然會讓人才產生歡喜心。

信徒藉由參與為主神祝壽的集體集會，就是因法而聚會，經由群體齊聚，透過共修、共乘，群體能量會倍增，這個正是所謂的量子加乘效果。加上佛菩薩的大威德力加持，信徒在聖靈充滿的磁場中，就有機會能夠引動善根，喚醒信眾們的靈性。所以，這就是為什麼信徒參與法會，其實就在修行，本質上是同一件事情。

理教的法會，除了一般的誦經外，還有主法師的「開示」，參與者的「法佈施」。開示與法布施，都是相當重要的環節。在此時，主法師會弘揚修行觀念，教導大家該有什麼善法、正見、正知？信眾也必須要回饋，分享他們在修行時得到的好處。

與會者聽完後，可能會得到啟發，甚至法喜充滿，進而產生感恩的心。

我們知道常懷感恩的人，比較會惜福。比較會惜福的人，容易知足。知足的人，又比較能夠達到平安喜樂的狀態，這個其實就是修行。

所以我們認為舉辦法會當然更重要的是祝壽的法會，其實是可以幫助信眾們的修行，也是基於這個道理，分享謝謝大家。

第二次發言：運用 3C

目前可以分享理教在方面所做的嘗試，我們目前有做直播、也有作一些短片用 tiktok 或是 YouTube 的形式放在網站上，這個部分，可能會比較容易吸引年輕人。也希望跟大家做一個分享，不過這也才剛開始，未來還要再觀察。

九獻大典・文化資產：獅頭山經驗

苗栗獅頭山勸化堂董事長　黃錦源

縣的文化資產審議委員會評定通過。認為獅頭山勸化堂「九獻禮」為具有「歷史性、文化性、在地性、傳統性」的民俗類的文化資產。報到文化部審定後，107年2月12日經過苗栗縣政府公告登入為全縣第五類無形文化資產。

勸化堂在玉皇大帝聖誕行「九獻大典」，雖然流程3個多小時，但這個形體如一，所以在現今的台灣廟宇裡面比較少見。九獻禮除了祭拜我們的主神的聖誕以外，還有移請各方的神佛來與獻。

都是以供品素齋，排設成全漢、半漢、九州八卦、五福四海、四大金剛、三山七海等這些獻品。

全漢就有6大碗，8中碗、16小碗，

第一次發言：以九獻大典祝聖

財團法人苗栗縣南庄鄉獅山勸化堂，自從1901年（清光緒27）開立寺廟是以來，今年剛好是120年。本山逢玉皇大帝聖誕、三恩主聖誕時，一直都花3-4小時，遵循「九獻禮」祝壽大典的傳統科儀。

這傳統已經超過百年，是全台灣廟宇獨一無二、少見的九獻禮，苗栗

獅山勸化堂九獻大典列入非物質文化遺產

都是供在內堂，半漢就是 4 大碗、4 中碗、8 小盤碗，供奉於外頭。九州八卦那就是 9 大碗、8 小盤碗，依此類推。

五福四海、三山七海，搭配傳統的客家八音。現在八音樂也不好請，因為慢慢式微了。要請八音樂來配合我們的祝壽大典，他要演奏大樂、小樂、扮仙、八仙。

整個儀式得動員禮生：包括迎神的請筶生、總指揮的總通生、正贊生、通贊生、東贊生、西贊生，迎送神生、正引生、東引生、西引生、正獻生、啟扉生、東獻生、西獻生、正喧生、東喧生、西喧生、敬果品生、正堂內外執事、東堂內外執事、西堂內外執事、讀祝文、宣文表生、司鐘生、司鼓生、司炮生等執事人員，總共有 50 多位。

獅頭山勸化堂有儒釋道三教兼容並蓄，中間是屬於道教的玉清宮，關聖帝君供奉在玉清宮。東堂這邊就有大成殿，供奉儒教、跟社會教育有關的神明。雷音殿是佛教的神祇，所以分成正殿、東殿、西殿。

九獻禮由三獻禮的擴大而來。計初獻、亞獻、終獻，各有三次。輪流

在正殿、大成殿、雷音殿，行初獻禮，三次獻祭，就要宣〈文表〉、讀〈疏文〉。在亞獻禮，也有三次獻祭，之後讀〈祝文〉，到終獻禮，再行三次獻祭，有望燎，要燒紙錢。

因為時代變遷，年長者的慢慢的凋零之後，禮生出現青黃不接的情況。我們為了補足人力資源，在 2015 年跟苗栗縣後龍鎮仁德醫護專科學校合作。培訓傳承年輕的學子來擔任禮生，加入祝壽的行列。以上跟各位報告，謝謝。

第二次發言：運用科技

末學最近跟清大教授接觸，希望將獅頭山美麗景色，作為一個範本，用 AI 的技術，來表現它的藝術創作。實體畫作裝置在 NFC 晶片，或成為一個辨識的作品。

另一種呈現方式，就是將畫作上架在 Near-field communication（NFC），每個人都可以下載 NFC，讓全世界都可以看見。我們將實體、NFC 的畫作，在真實的美術館和任何空間展覽。

結合虛擬的 NFC、AR 博物館（虛擬的博物館和美術館的形式），展覽獅頭山美麗的景色。打造元宇宙的世界，我想讓世界都能夠看見台灣，看見獅頭山！

將獅頭山美麗風景置入 Near-field communication（NFC）

統一教慶祝 人類真父母聖誕

天宙和平統一家庭黨主席 許惠珍

一、前言

統一教慶祝人類真父母的聖誕日，是以敬拜、誦讀家庭誓盟、唱聖歌、訓讀聖言、向神禱告的方式進行，形式簡單而意義深遠，心懷無以言喻的感謝之情！

因著真父母的出現，神的創造理想世界──理應始於伊甸園之永恆的未來天國──終於得以出發，這真是歷史性、時代性、也是未來性的事件！

真父親文鮮明先生的聖誕日是陰曆 1920 年正月初六，真母親文韓鶴子女士的聖誕日是陰曆 1943 年正月初六，年份不同而日子相同，因此我們在同一天慶祝聖誕日。

人類的真父母要完成的使命：

1. 開拓個人回到神面前的路。
2. 開拓家庭回到神面前的路。
3. 開拓國家回到神面前的路。
4. 開拓世界回到神面前的路。

二、神與人的責任分擔

如果真有一位全知全能全愛的神，祂為何不能讓人類獲得幸福？

當人們看到世上到處充滿不公不

義及各種苦難時，就很容易下這樣的結論：真愛的神並不存在！一直以來，確定神與撒但的實存性的神學家，無從破解這一課題。縱使通靈，這也是個謎。真父親在《統一原理》的系統教導中指出了人的責任分擔，若不能瞭解這點，就無從解開人類歷史之謎。人肩負著神不可干預的責任，一直以來無人了解這樣的內容。

人類始祖亞當、夏娃正是因為不明白自己的責任分擔才會失敗的，我們也一樣，不完成責任分擔就會一敗塗地。為了成為人生的勝利者，我們24小時都要尊重並想到人的責任分擔。為了賦予人類與神同等的立場，神賜予人類連神都不能干涉的特權。為了讓人能協助神的創造而樹立創造自己及世界的條件，神賦予了人類相對於神來說約佔 5% 的責任分擔。

假如人類從頭至尾都是由神所創造，而沒有自我創造的任何餘地，那麼人就與被操縱的木偶沒什麼兩樣，也不能擁有主人的權柄。責任分擔就是為了讓人相似於神並擁有與神同等的價值而給予人類的，這真是偉大！然而，歷史上沒有一個人完成過神賦予人的責任分擔，甚至連責任分擔是什麼都不知道。

人的責任分擔是什麼？
第一：要成為真子女！
第二：要成為真兄弟！
第三：要成為真夫妻！

統一教教育：建立良善家庭作真父母、夫妻、子女（翻攝自網路）

第四：要成為真父母！

為此，人作為兒子或女兒誕生在世間，成為子女，成為兄弟，成為夫妻，成為父母，然後代替神進行創造，從內外兩面體驗神創造亞當夏娃並感受喜悅的過程。

三、神的創造目的與人的存在目的

神的創造目的是為了獲得喜悅，處在孤獨存在的狀態是無法感受到喜悅的。倘若要享受喜悅，就需要有對象，需要有伴侶。愛發生在主體與對象的授受關係中，需要有兩個以上的存在。全知全能、無所不在的神並不希望獨自存在，於是，首先創造天宙為人類預備環境，然後在此基台上創造人類，作為神絕對之愛的對象。

神創造所有萬物之後，在伊甸園創造人類始祖，作為萬物的主人。創造人類時，神不是當作某種消遣，也不是一種興趣。從創造人類，到樹立人類成為代表萬物的中心為止，神的勞苦和精誠是難以言喻的。人類是神將自己的骨中之骨、肉中之肉、骨髓中之骨髓全部傾注而成的存在。因此，這樣的人在吸引神時，神就無法不被吸引，就像人類的子女吸引父母一樣。同樣，這樣的愛的神在吸引人類時，人類也必定會被吸引過去。神就是在

統一教真父母聖誕：敬拜、唱聖歌、讀聖訓、禱告（翻攝自網路）

這樣的父子因緣當中創造了人類。人內心深處的目標是成為神的兒子和女兒，除此之外，人並不想要其他位置。當文老師進入神祕的境地，探尋什麼才是人所要尋求的宇宙最高真理時，獲得的答案就是「父子之因緣」這句話。神創造天地萬物並不是為了自己，而是為了亞當夏娃；喜悅也不是因神自己而產生，而是通過亞當夏娃而產生。世上的父母也是看著子女而感到心滿意足，因此，喜悅是通過對象而產生的。

神盼望人類成為比祂自己更優秀的偉大存在，所以把人類創造為祂的子女。世上的父母誰不盼望子女比自己更成功、更優秀？這種父母的天然之愛，就是神給予人類的祝福。人類被創造為神的了女，當他們成長完成後，領受神的祝福而結婚，繁衍真愛、真生命、真血統的果實──真子女，在真愛的家庭中建立永恆的理想天國而生活著。神的創造目的就是盼望通過這一切而感受到喜悅。人的盼望與神的相同。

耶穌為基督教的彌賽亞 - 救世主

四、彌賽亞作為人類的真父母而來

歷史之初，人本應成為橫的父母，神為縱的父母，以縱橫的父母之愛為中心，在喜悅中啟航。但這起源遭到撒但的侵犯，因此必須將人類奪回來，讓他們重新成為真父母的子女。

亞當本該成為人類的真祖先，卻因墮落成為假祖先。第一亞當失敗後，作為第二亞當來臨的就是耶穌，而作為第三亞當來臨的就是再臨主。

神建立以色列國和猶太教信仰是為了迎接彌賽亞，彌賽亞就是真父母。神建立基督教與基督教文明圈是為了迎接再臨彌賽亞，再臨彌賽亞就是以第三亞當身分來臨的真父母。

再臨主是作為人類的真父母而來，他是生命的本然之根，以著與神合一的真愛、真生命和真血統之根而來。天國是夫婦攜手進入的地方，獨自一人無法進入。就連耶穌，也是在樂園停留至今。如今在地上已出現得勝的真父母。神已經授權給真父母，可以傳承真愛的血統，並組成真愛的家族與民族。

若想回到上天身邊，就必須通過真父母的愛徹底地復活，滿心感激地感受到自己從指尖到腳尖都充滿著生命力。可是我們的雙腳卻被各式各樣的東西束縛著，必須用力掙脫這樣的現實並超越它，縱使那是千辛萬苦的受難之路，也必須越過。在無所依靠、走投無路的過程中，掉落在死亡深淵中的人何其多！

那裡埋葬著無數的個人、家庭、宗族和國家，全部都在那懸崖上走向了死亡。如果能為那懸崖下的深谷搭建一座橋，那將是用國家乃至世界也無法交換的橋樑。真父母成就了擁有如此高貴價值的因緣，這件事比送給我們整個天地更有價值。這樣寶貴的人類真父母，不僅我們慶祝他們的誕生、神的喜悅更是難以言喻！

統一教教義：通過真父母的愛，徹底復活

法關聖·獻血經：鸞手虔誠祝聖

三芝錫板智成堂鸞手　葉雲清

祝聖時，法關聖典範

　　信徒參與關聖祝聖，也是修行的一種方式。

　　本堂屬五聖恩主公信仰。開堂以來，歷練123年，是北台灣排名第三的古老鸞堂，是儒宗神創舉之聖地。先輩鸞手楊明機著造鸞書，弘楊儒教道德。尤是是民國26年著《儒門科範》，貢獻於鸞門，名聞遐邇。

　　今天玄門真宗玄興教尊繼去年《大道向前行》視訊，意義非常重大，貢獻無量功德。欣逢關恩主聖誕千秋萬古讚頌之期，共聚全球崇拜關恩主之眾修士、鸞下、效勞生、善信大德等，一同學探「宗教祝聖」同表達志心禮敬之誠。

　　我覺得關恩主聖德崇高，道德充沛，大義稟然，所言所行，皆為後世人模範。帝夙昔閱覽春秋，幼觀孔孟，以五倫八德為依歸。故能在三國亂世中，通過種種粹煉，超昇為神，證得崇高果位。

　　經云：「**先聖後聖其揆一也**」。

　　山東孔夫子以仁義道德，使人畏敬之心，心神接志，與神同，先成文聖。而恩主被後世稱為山西夫子，是當關恩主完成天命後，身形與容貌雖

沐恩鸞下超修用鮮血書寫《桃園明聖經》及《關聖帝君覺世真經》作為聖誕賀禮

已離開塵世，但精神依然長存。所留下的仁義楷模與忠孝廉節典範，更是憾動、喚醒天下蒼生。

尤以秉燭達旦，夜讀春秋，萬世流芳。《明聖經》云道：吾忠義獨稱尊，塑形畫像乾坤內，如我英雄有幾人，此節義忠勇精神，後成就武聖。

現今世衰道變，人們只尚文明科學、不存道德仁心。綱常喪失，墜入迷途。值此劫運瘟疫橫行，塗炭悲傷，每每飛鸞救度，力促因緣果報，以及倫理道德的實踐。若每事胡亂而行，只顧自己貪欲，後受報應，悔禍已晚，須急早配服法文。

《桃園明聖經》闡述，中國固有的儒家思想及倫理道德，並舉證歷史故事，強調「諸惡莫作，眾善奉行」的義理。是開啟信眾「福慧雙修」法門，更是放諸四海、歷久彌新、足可奉為圭臬的真諦。

今年農曆六月廿四日，欣逢　玄靈高上帝玉皇大天尊關恩主1862週年聖壽吉日。全球各供奉關恩主或三恩主或五恩主的官方、民間廟宇，都必舉行大、小三獻禮等儀式恭祝神誕萬壽無疆。典禮莊嚴隆重，當天政要首長、各與會宮廟貴賓，虔誠心與祭。

本宮供品乃承襲古代郊祭，陳列供品。全體委員、鸞生、經生、效勞生及來會長官、貴賓在莊嚴肅穆充滿靈氣的典禮中，依司儀號令，依序行初獻爵、亞獻爵、終獻爵之三獻禮。

他以漢音，鏗鏘有力的恭讀祝文，以嘹亮、清脆、恭誠的聲韻，有條不

奢的旨召。使廟堂空間神聖化，在聖壽儀典中，伏望關聖慈悲、垂鑒、庇祐。

此時，信眾以堅定道心及虔誠的心參與盛典，恭祝關聖帝君恩主聖壽無疆，並答謝恩土公慈悲護佑。並希望帝君能啟迪大夥智慧與長養慈悲。

信眾當天以壽麵、壽桃、水果、糕餅等敬奉。然而，最重要是來恭祝聖壽者的「身、心、口、意」皆清靜，恩主公最為歡喜。每年此時，總有許多山上的信眾，抱持感恩的心來到智成堂，隨著三獻禮、進行參拜，虔誠祝禱答謝　關聖帝君的德澤。

民國91年前，後學沐恩鸞下超修，以鮮血恭寫《關聖帝君覺世真經》乙部。民國91年8月1日，再以鮮血恭寫《關聖帝君應驗桃園明聖經》乙部。在「昊天金闕玉皇普度大天尊玄靈高上帝」恩主聖誕前夕，敬獻兩本血經，以報天恩。

95年（2006）7月18日，再以鮮血恭寫《關聖帝君起生度人滅罪懺》，在天運丙戌年荔月廿肆日前夕，作為昊天金闕玉皇普度大天尊玄靈高上帝恩主聖誕之禮。

在此，勉勵大家效法關聖帝君的精神，實踐五倫八德於生活中。常保一顆清淨心，並以道德灌溉心中的福田。勇於反省改過，培養積極進取正向樂觀的人生態度，以此修德敬神。如此，心境便可澄清而自在，人生和平而圓滿。沐恩鸞下超修，志心皈命禮。

再用鮮血書寫《關聖帝君起生度人滅罪懺》作為關帝聖誕賀禮

作普度‧補財庫：慈德慈惠堂經驗

台中慈德慈惠堂堂主 陳瑞寶

台中慈德慈惠堂以關帝、母娘為主神

　　後學代表台中慈德慈惠堂與諸位宗教學者專家、董事長、主事者，來分享母娘聖誕的作為、意義、功能。當然今天所講的也有關聖帝君聖誕，也一起的跟大家分享。

　　慈德慈惠堂是在民國 72 年的時候買地，在 76 年的閏 6 月 24 日動土來新建。在國曆 78 年 7 月 18 日瑤池金母萬壽聖誕之日，舉辦入火安座儀式。

　　以後本堂每年在母娘的聖誕，都舉辦中元普渡。母娘是我們的元靈之母，所以在母娘的誕辰，請母娘做主，辦理普度普化十方無形的孤魂男女。早上，以誦經禮懺行祝壽的科儀，下午作普施。

　　再如 6 月 24 日關聖帝君誕辰，本堂舉辦過關補財庫法會。早上是補財庫，過七星橋 12 次，因為每次都代表一個月，子丑寅卯辰巳午未申酉戌亥，每個月都代表一個生一個生肖，所以總共 12 次。藉由過關補財庫讓大家可以消災解厄。

　　下午就舉辦的祭改，針對有參加祭改補財物的信徒，作消災解厄儀式。

以普度科儀為王母娘娘祝聖

最主要是請母娘、恩主公作主，可以度化無形。

因為在慈惠堂的神學體系中，我們每個人的原靈都是來自於母娘，都是母娘的眾兒女。祂原本是天上的神仙，因為立下宏願，要下凡度化我們的重生，希望可以知途迷反，返回到天庭。可以再與母娘、恩主公可以相聚。

但是因為人類落入凡塵之後，貪戀的酒色財氣、貪嗔癡，以至六道一直不斷的六道輪迴，流連忘返。期望我們修完人間三千八百功，回到我們的母娘的身邊、回到恩主公的身邊。以修得靈性的不滅，這是要讓大家了解為什麼要拜母娘、恩主公的意義。

我們法會除了舉辦中元普度之外，將普施供品，擇期送給教養院。堂有

以補財庫科儀為關公祝聖

社團法人慈德級難關懷協會，其作用在於協助低收入戶的家庭。包括變故的家庭提供食物上的幫助、經濟上協助，這是我們針對有需要幫助的信眾的職務與功能。

我在針對剛才張家麟教授說，道教信徒比較流失的部分，我們母娘、恩主公其實針對這樣的一個狀況，在民國91年，特別指派堂裡面要成立慈德月老殿，服務蒼生。

成立的慈德月老殿之後，母娘特別指示請我們的月老尊尊神、註生娘娘、送子觀音、張仙大帝和衛房聖母總共五尊神，在慈德月老殿作鎮。因為祂有感現今的男女，對於自己的婚姻大事忽略。特別的指示我們，成立月老殿後，幫助全天下的有情的眾生，早日尋得到自己適合的正緣。

所以我們特別要跟大家分享，慈德月老殿有設計一些文創商品，與蝦皮異業合作，在「命運好好玩」、「新聞挖挖挖」、「寶島神很大」等媒體節目曝光，及多舉辦聯誼性活動。

經由推動月老信仰，間接推動我們恩主公、母娘信仰。讓年輕的信徒因為來拜月老，間接也可以參拜母娘、恩主公，彼此互相的帶動、牽引。以上跟大家做分享。

慈德慈惠堂為全台十大月老廟之一

玉皇大帝之任期探討

社團法人中華桃園明聖經推廣學會理事長　黃國彰

壽夭、吉凶，撫慰萬靈，澤及幽冥，乃太極界最高之主宰。

（二）〈聖帝新寶誥〉曰：

精忠大義，雄武英文。在三分國祚之時，漢賊豈容兩立。建萬世人臣之極，馨香自足千秋。精靈充塞於古今，至剛至大，誓願挽回夫劫數。存道存人，御宇蒼穹，任十八天皇而繼統。執符金闕，渾三千世界於括囊。執主宰，執綱維，赫赫大圜在上。自東西，自南北，隆隆祖氣朝元。作聖賢仙佛之君師，卅六天誕登大寶。主升降隆污之運會，十萬劫普渡慈航。佛證蓋天，恩覃曠劫。

大悲大願　大聖大慈　太平開天

普渡皇靈　中天至聖　仁義古佛

一、玉皇大帝之定義

（一）玉皇大帝之定義與職權

玉皇大天尊即玉皇大帝，又稱玉帝、玉皇、上帝、天帝、天公、昊天上帝、玉皇上帝、上天主宰，全稱為昊天金闕無上至尊玉皇大帝。上掌三界十方、三千大千世界、三十六天，下握七十二地、四大部洲，掌握聖賢仙佛、日月星辰及人間禍福、生死、

玉皇大天尊 玄靈高上帝

（三）三千大千世界：

即欲界、色界、無色界三界

如是九山、八海、一日月、四洲、六欲天、上覆以初禪三天，為一小世界。集一千小世界，上覆以二禪三天，為一小千世界。集一千小千世界，上覆以三禪三天，為一中千世界。集一千中千世界，上覆以四禪九天，及四空天，為一大千世界。此大千世界因由小、中、大三種千世界所集成，故稱三千大千世界。又於佛典之宇宙觀中，三千世界乃一佛所教化之領域，故又稱一佛國。

二、關帝榮登玉皇大帝之依據資料

為使世人了解關帝榮登玉皇大帝的過程始末，和玉皇大帝之任期，本文特別收錄下列十篇神聖在不同時空降著之聖藻鸞訓和扶鸞之由來等資料，以供參研。

（一）各地鸞書聖訓

2、西元一九二四年在四川省宜賓縣降著《新頒中外普度皇經》。

1、西元一九二一年起開始在中國雲南省滇西洱源紹善壇陸續降筆《洞冥寶記》。

3、西元一九二四年在貴州降著《桃園明聖經‧聖帝新寶誥》。

4、西元一九二七年在雲南省昆明洗心堂降著《高上玉皇普度尊經》。

5、西元一九三○年起陸續在大陸、臺灣兩地降著《一貫道藏》。

6、西元一九七二年在臺灣臺中聖賢堂降筆《玉皇普度聖經》。

7、西元一九七三年在臺灣臺中懿敕拱衡堂降文《關聖帝君受禪玉帝經略》。

8、西元一九八一年在臺灣臺中武廟明正堂降著《瑤池聖誌》。

9、西元一九八一年在天帝教臺灣彰化八卦山天真堂降筆《關帝要求正名‧勿亂法統》。

10、西元二○一一年在臺灣臺中懿敕寶德大道院降著《金闕遊記》。

上列十篇聖訓，每篇各有其特色，有的錄載關帝榮登中天玉皇的過程始末，有的刊錄玉皇大帝的任期使命，有的敘述第一任到第十八任玉皇大帝因緣天命。

內容詳盡豐富，對想要了解關帝榮任第十八代中天下皇大帝及下皇大帝相關事宜，或有心研究考證者必定會有很大助益。

（二）第十八任玉皇之天命任務

帝君睹此情形，欲謝無方，俯伏言曰：關某德薄，難膺重任，伏願道主高真，赦免足矣！道主曰：天命已定，萬象維新，天皇其能推乎？忽聽無生寶地，萬靈金闕，金鐘聲動，玉磬聲聞，處處瓔珞盤結，在在舍利翻騰，蓮花滿地，香雲繚繞，歌唱音謠，韻葉宮商。如是三番九轉，懿旨頻催，三教道主，並及上聖高真簇擁天皇恭行朝參。願慈母天尊，萬壽無疆，朝參禮畢。無極天尊曰：各各平身，願天皇既膺此任，襄助龍華早成，原良早歸，勿負薦拔，以慰我心。帝君鞠躬伏奏曰：天尊慈命，敢不竭力，惟關某德薄，總祈諒之。

三、玉皇大帝換第十九任之傳說

（一）玄皇高上帝（三靈聖元）、開台尊王國姓爺、玄恆高上帝

（二）《玄瑤皈命真宗寶鑑》

推舉第十九任玉皇大天尊之團體，所依據的是《玄瑤皈命真宗寶鑑》記載，於西元 2015 年 10 月 21 日降著〈玉皇大天尊玄皇高上帝登台鸞文〉，其內容援引摘要如下：

「余係玉皇大天尊玄皇高上帝是也……今吾已臨，順述吾來歷：本是「三靈聖元」，居在大羅天慈霞洞修練，前降於世為人，在上古之時，一靈造育建以紫府立元，就是現今人言紫微也……乃在人世西元二○○五年接任第十九代玉皇，掌道聖一職。」

關帝
榮登中天玉皇專輯

The Description of Emperor Guan's Ascension
to the Heavenly Jade Emperor

黃國彰、林翠鳳 編著

社團法人中華關聖文化世界弘揚協會

（三）《玉皇大天尊寶經合冊》記載「歷任玉皇大天尊之任期」

第一任玉皇大天尊玄玄高上帝（黃老）600 年，

第二任玉皇大天尊玄元高上帝（紫微帝君）420 年，

第三任玉皇大天尊玄明高上帝（大寰教化聖主）300 年，

第四任玉皇大天尊玄微高上帝（鴻鈞老祖）240 年，

第五任玉皇大天尊玄寰高上帝（星化帝君）420 年，

第六任玉皇大天尊玄中高上帝（原天尊）180 年，

第七任玉皇大天尊玄理高上帝（光華聖主）180 年，

第八任玉皇大天尊玄天高上帝（大羅祖師）120 年，

第九任玉皇大天尊玄運高上帝（精一天師）120 年，

第十任玉皇大天尊玄化高上帝（延衍祖師）360 年，

第十一任玉皇大天尊玄陰高上帝（北華帝君）420 年，

第十二任玉皇大天尊玄陽高上帝（廣度真王）180 年，

第十三任玉皇大天尊玄正高上帝（度化天尊）480 年，

第十四任玉皇大天尊玄高上帝（伏魔世祖）480 年，

第十五任玉皇大天尊玄震高上帝（興儒天尊）240 年，

第十六任玉皇大天尊玄蒼高上帝（救世天王）540 年，

第十七任玉皇大天尊玄穹高上帝（妙樂國王）300 年。

以上乃是《玉皇大天尊寶經合冊》所載十七任玉皇大天尊之任期，合計年數共 5580 年，加上發起團體所推算第十八任玉皇大天尊任期，自西元 1863 年至西元 2019 年共有 156 年，總計歷任十八任玉皇大帝任期共為 5736 年。

四、玉皇大帝任期才人間百年是不合乎邏輯

（一）「天上一天，人間百年」之探討

從佛經記載，如《華嚴經》當中的宇宙結構圖，以及《長阿含經》記載的六道關係圖。天上人間的時間對比為：欲界六天的四天王天，一天乃人間 50 年。忉

利天，一天為人間 100 年。夜摩天，一天為人間 200 年。兜率天，一天為人間 400 年。化樂天，一天為人間 800 年。他化自在天，一天為人間 1600 年。以欲界六天的平均年壽，天上一天約人間 500 年。再上去的天，如色界天的初禪三天，天壽 20 小劫～60 小劫，一小劫就有 1679 萬 8000 年。二禪三天，天壽 2 大劫～8 大劫。三禪三天，天壽 16 大劫～64 大劫。33 四禪九天，天壽 125 大劫～1 萬 6000 大劫。無色界天，天壽 2 萬大劫～8 萬大劫。

（二）根據科學考證，地球已有好幾百萬年了。

關帝受三教教主共推為玉皇大天尊

（三）十八任玉皇大帝總任期 5736 年是騙人的話。

五、玉皇大帝在人間就職是癡人夢話

六、玉皇大帝之任期

（一）天帝教《關帝要求正名・勿亂法統》

〈濟公禪師釋疑問答〉曰：第一任中天主宰玄極天尊，任職最久約經三十個大劫。以後歷任之主，則須經三個大劫。一個大劫，就是宇宙整個

運行軌道調節一次。而調節一次必須經過十八次的混沌。所謂混沌，便是開天闢地之謂也。一次混沌，便是指星球之形成以前的一次大爆炸，一個太陽系之完成便要有星際間的幾次大爆炸。

（二）《瑤池聖誌》載：

勇筆：　弟子想請教恩師另個問題是，關恩主目前接掌第十八代的玉皇大天尊，而這個所謂第一至十八代玉皇，是指我們如今的這個元會而已嗎？

仙師：　你是說，從第一代玉皇起，至如今的第十八代玉皇，都是這個元會？你以為每個元會都會像這樣產生歷代的玉皇嗎？

勇筆：　弟子是這樣想的。一個元會，有十幾萬年，那麼久的歲月，豈只有十幾位玉皇？

仙師：　那你就想錯了。從第一代玉皇起，到如今第十八代止，已經歷了無數個元會了。

勇筆：　恩師是說，一位玉皇禪登帝位，執掌天權，在位時間是好幾個元會？

仙師：　不錯，一位玉皇執掌天權，是好幾個元會的長時間。第一位玉皇，也就是在無始之時就已登基，掌握天人運數的權衡了。

勇筆：　那麼一位玉皇大天尊，到底在位幾元會，這個可有定數？

仙師：　這倒沒有。每一位玉皇上帝登基，都有其條件，也有其使命，必須到了功果圓滿時，才會退位的。

截自玄門真宗影片畫面

Part5
觀摩 ‧ 分析 ‧ 綜整：
祝聖儀典之比較

神聖性 ‧ 典範化
與時俱進的祝聖

Part 5-1 名家點評：祝聖儀典之比較

神聖·抉擇：建構關帝聖誕之模式

台灣宗教與社會協會理事長　張家麟

玄門真宗請出關聖帝君巡庄繞境

在當代社會，奠祭關帝聖誕，可有必要訂定一套理想的標準模式？這是個好題。

我以為可以從祭禮的外在型態及內在意涵兩個角度來看。

在祭禮的外在型態，或許可參考民國56年（1967）釋奠禮祭孔之經驗。當時蔣介石親自前往台北孔廟，他捨清朝、選明朝之祭儀，象徵恢復「漢族祭孔」之傳統。我們可如法泡製，擇現代之禮－即是明朝之禮祭關帝。

接著，再看釋奠禮的內容，以台北保安宮、礁溪協天廟兩間宮廟的人力資源來看：

它由「佾舞」、「雅樂」、「合音」、「三獻禮」及「牲禮」構成。需要龐大的佾舞生約20名，雅樂團約30名，合唱團約20名及主持操作三獻禮的禮生約40名。總計約110名左右，才能撐起這儀典。

欲複製此套儀典，就得先培訓這些成員，如非一年半載，定不為功。因此，現在大部分的廟宇採用「簡約型」之獻祭，祝關帝聖誕萬壽無疆。

此際，廟方得培養「通贊（司儀）」、「引贊（引導生）」、「執事（迎送神、啟閉扉、獻饌、宣疏文、監禮生）」等各種司禮生。熟悉首獻、亞獻、終獻之程序、供品、祭拜細節，就能用此三獻禮祭關帝，或為眾神祝壽。

稍為周到者，再備妥祝聖奠禮所須的「疏文」、「祝壽文」或「祈願文」，強化人神溝通之神聖性。如再備「太牢」、「少牢」、「饋食」之牲禮，從中擇一，就更完備了。

行有餘力，廟方可往上升級，行「折衷型」之獻祭。

主事者在「三獻禮」、「牲禮」之上，增加關、孔祭典所需之「佾舞」。

如欲組織「佾舞生團」，可延請有此經驗之老師，指導在地國中或國小學生來擔綱、跳舞。

廟方得與學校校長協調，蒙其同意，給其社團指導費用。以過去孔廟長期請隔壁大龍國小學生，協天廟請礁溪國中之國中生，建立佾舞團的經驗來看，並非難事。

難度最高者，應屬「精進型」之獻祭。它必須在上述「折衷型」的基礎上，再加「雅樂」、「合音」。

廟宇執事得長期培訓國樂團及合唱團。除了招募團員外，還得延聘老師、指揮，教導團員彈奏、演唱。全台宮廟有這團者，屈指可數。只有廟方領袖深謀遠慮之眼界，才可能投入資金培育這些人才。

台北大龍峒保安宮在日據時代為祭孔之地，它得歷史、地利之便，傳

關帝祝聖「簡單型」：行三獻禮通疏文

關帝祝聖「折衷型」：行三獻禮、通疏文、跳佾舞及少牢禮

承三獻禮之禮生。國府時期，其領袖再培養專屬之國樂團及合唱團。因此，其「釋奠禮」規模，比台北孔廟還多了合唱團，人力資源比孔廟還完整。

除了保安宮可借鏡外，礁溪協天廟志工，扮演多角色的經驗，也可參考。

其女子誦經團約 150 人，經生一人扮演多重角色，常投入、參與國樂團及合唱團練習。因此，該廟誦經團，平日誦經禮神；在春天農曆正月 13、秋天農曆六月 24，兩次祭關帝祝聖壽

時，部分經生轉化為禮生、國樂團及合唱團，成為釋奠儀禮的成員。

上面三種祝聖的型態，各廟宇領袖可以依據自己的人力、財務資源及需求，擇一採用。可依序從「簡約型」之獻，逐漸地提昇成「折衷型」之獻祭，最理想的狀態應屬「精進型」之獻祭。

當然，亦可隨著宮廟發展，未雨綢繆培養志工人才。其中，由招募誦經團或培訓既有的鸞生，鼓勵他（她）學第二專長，轉型練習國樂演奏或加

入合唱團，不失為可行方案。

　　最後，別忘了儀式的根本、內在的祭祀精神。

　　各宮廟在操作祭關聖帝君之各類型儀式，務必確認及叮嚀所有的禮生、雅樂生、佾舞生、與祭者，應該抱持「祭神如神在」、「親身與祭」之虔誠心；否則，一切固然。

關帝祝聖「精進型」：佾舞、雅樂、合音、三獻及牲禮

改良‧範例：2022 玄門真宗祝聖

台灣宗教與社會協會

玄門真宗法師讀疏文為關聖帝君祝壽

如何為關帝（或眾神）祝聖？各廟宇執事人言言殊，很難「標準化」。

盱衡全台各大關帝廟，採用封建遺緒、儒教祭神的「三獻禮」，可能是最大的公約數。今年（2022），中華玉線玄門真宗教會祝聖自不例外，但又見到其特色及建立「標準化」科儀之理想。

其依恩主公之降旨，將對關帝－玄靈高玉皇大天尊祝聖，拍攝成錄音帶。在 7 月 13 日，「宗教祝聖」的線上會議，將儀式 4 分鐘之「精華版」，拋磚引玉播放。無私分享給大眾之情操，頗為難得。

我從影像中，發現玄門真宗在近年來以「祈願禮讚拜壽獻供科儀」之名，已將傳統三獻禮，大幅度地轉化，建構出該教派現代版之祝聖儀典。嘗

試在獻供、拜壽、拜拜之餘，再加上祈願、禮讚關帝及向帝君學習、修行、度化眾生的意涵。

希望在現代社會中，建構一套具「神聖化」、「標準化」、「修行化」的祝聖典禮。

先來觀看祝聖儀式流程，約略可以分為幾項步驟：

一、法師進場及宣讀「拜壽禮讚稟文」

首先會恭請法師進場，接著恭向本脈教主 玄靈高上帝行三鞠躬禮，待法師 、經生就位後，由主法者行宣法旨科儀。在他頂禮後，虔敬宣讀「拜壽禮讚稟文」，祈請玄靈高上帝暨列聖恩師慈悲做主，祈科儀圓滿。

二、擊鼓揭開序幕及宣讀「祝壽疏文」

在第一聲擊鼓中揭開禮讚科儀序幕，恭迎諸天聖神蒞臨。緊接著宣讀「祝壽疏文」，上章拜表，祈願在玄

玄門真宗關聖帝君祝壽早安圖

玄門真宗祝壽會場

玄門真宗法師進場

玄門真宗法師灑淨

課誦《祈願禮讚真經》

法師課誦疏文

靈高上帝關聖帝君的慈悲教化下，度修無量功德，護國佑民，庇佑風調雨順，國泰民安。更庇佑全國百姓等身體健康、財源廣進、闔家平安。

三、誦唸「祈願讚」及「聖壽祈願文」

緊接著誦唸「祈願讚」，意義為虔心祝壽祝禱，祈願護國佑民，庇佑群黎百姓安居樂業。藉祝壽儀軌，表達對神庇佑百姓安居樂業之感恩心與對神佛的寸寸心意，讚揚其聖德，並落實於生活中。

在進行祈願禮讚拜壽獻供科儀時，由主法以河洛語、字正腔圓的宣讀「聖壽祈願文」。

四、誦唸「獻禮讚」及三獻禮

再來是作改良式的三獻禮，捨棄首獻、亞獻、終獻之名，存其多獻祭的本質。另外，雅樂也由玄門真宗自行製作的「讚樂」取代。一邊虔誠獻祭，一邊和聲唱誦。

首先，鸞生集體誦唱「獻香讚」，讚誦聖神仙佛教法之殊勝，誦揚其神威顯赫；由法師行獻香禮。其次為「獻花讚」，表達對恩主的奉獻與感恩及祝賀教門道務昌隆；由法師行獻花禮。

三為吟詠「獻燭讚」，點燃自性心燈，讓自我內外澄澈，並祈願恩主能恩賜光明、普度眾生；再由法師行獻香禮。四為吟誦「獻茗讚」，法水潤澤十方法界，佑濟昭靈，使生命得到淨化，靈性得以光明；亦由法師行獻茗禮。

第五，唱誦「獻酒讚」，乃為提醒大家，嚴守道德紀律，保持身心清淨，災消厄解，實踐恩主五常德，弘

禮生敲木魚禮讚

禮生擊磬禮讚

光法義；由法師行獻酒禮。

第六為「獻果讚」，提醒大家修善因得善果，心存善念，行功建德，正導人心。此際改由信眾行獻果禮。最後，唱誦「獻帛讚」，禮敬聖神，叩謝神恩，祈請庇佑眾生，常養福慧，地方祥和，永享萬年；再由信眾行獻帛禮。

三獻結束，優揚聖樂聲音不斷。

五、誦唱《祝願禮讚真經》

再來，所有鸞生正式起誦《祝願禮讚真經》。旨在告知諸賢生，應以虔敬的心，行祝讚慶賀，更應該該深入明白神佛慶典的意義。尤其對諸仙佛的「本願」更是應深入研修。此時，賀壽祝讚，才能達到真實意義之境界。

六、宣讀「皈證圓融國度祈願文」及唱誦「功德迴向文」

誦罷，由主法宣讀「皈證圓融國度祈願文」。經生低聲演唱決音，搭配朗讀聲。而在集體唱誦「三皈依」帝君後，再吟詠「功德迴向文」，祝福親友、家人、眾生。此際，已近尾聲。

眾人再恭向本脈教主玄靈高上帝暨列聖恩師，行三跪九叩最敬禮。司儀再喊「恭送法師退場」，眾人目送諸位法師，完成此殊勝的拜壽獻供禮讚科儀。

由整個儀式來看，有下列幾個意義：

1. 莊嚴肅穆

從穿上華麗道服的法師，帶領會眾依序「進場」。由鸞生以河洛古音唱誦〈禮讚〉，再按部就班「獻祭」。再唱誦〈經〉、〈回向文〉，神聖音樂從未中斷。由法師用抑揚頓挫的古

音，唸誦各種「祝文」、「疏文」、「祈願文」。

到眾人恭送法師「退場」離開為止；法師、信眾面龐呈現「莊嚴肅穆」，溢於言表。在長達約一小時的獻祭，眾人鴉雀無聲，只有聖樂、誦經聲、朗讀聲，洋溢著「神聖脫俗」之情。

2. 改良獻禮

將傳統三獻禮、雅樂、疏文，改良為較為親民的現代型的獻禮、雅樂、疏文。

不拘泥於三獻禮的主祭、陪祭、與祭的階級倫理，讓法師、信眾皆可上壇前，輪流獻祭。此擴大參與至老、中、青、幼四個世代，隱含傳承儀軌及民主參與之意。

取消啟扉、瘞毛血、迎神、撤饌、望燎、飲福受胙、闔扉、禮成、鳴炮之禮。代之以具體的獻供祝壽所需之供品。而在獻供時，僅行鞠躬禮，捨去繁文縟節的三跪九叩禮。

3. 改良雅樂

不再延用明、清兩代官方釋奠禮中的雅樂，它們分別是「萬壽無疆」、「昭平之章」、「宣平之章」、「秩平之章」、「懿平之章」、「奠帛之章」等曲目。

而採用了玄門山獨創的，以其鐘、鼓、木魚為樂器。鸞生集體吟誦「祈願讚」、「獻香讚」、「獻花讚」、「獻燭讚」、「獻茗讚」、「獻酒讚」、「獻果讚」、「獻帛讚」、「經讚」、「功德迴向讚」。

法師獻香

法師獻花

法師獻燭

4. 改良疏文

傳統獻祭關帝，常有「疏文」稟報為何祝壽，說明誰是功德主，祈求帝君護佑。頂多再加「祝文」，祝福帝君聖壽無疆，澤披萬民。

玄門真宗祝聖，在量、質皆有轉化。有「拜壽禮讚稟文」、「祝壽疏文」、「聖壽祈願文」、「皈證圓融國度祈願文」等疏文。而且，在疏文中向帝君稟明，虔誠祝壽，希望以五常德自我砥礪修行、度化眾生，願三皈依帝君，功德迴向眾生、家人等意涵。

5. 捨牲禮、佾舞

釋奠禮中，依奠祭者階級，王擇「太牢」牛牲禮，諸候用「少牢」餼羊，士大夫獻「饋食」豬禮。台北孔廟位在中樞，以牛祭孔。過去曾留下拔智慧牛毛之俗，現在改為贈送智慧毛筆。日月潭文武廟奠帝君，尚有太牢禮；礁溪協天廟則用「饋食」豬禮。

上述這三間廟，不但有牲禮，尚保留佾舞。來到玄門山，將之捨棄。選擇素樸之供品，在我看來，它想表達「見素抱樸、少私寡慾」之修道情感。

由玄門真宗改良對關帝祝聖科儀，我看到其內的意理。可以化約成「傳統與現代的結合」，「倫理與參與的平衡」，「祝聖與神聖的融合情感」，「自修與利眾的修行超越」。

而這幾項特質；使其儀式參考價值甚高，應該可以提供給各宮廟、道場，作為現代版的祝聖「範例」之一。

禮生獻茶　　　　　　　　　　　　信徒獻金帛

法孔聖：談宗教祝聖的情感與行徑

台灣宗教與社會協會

漢武帝以太牢禮封禪

孔子祀鬼神，卻也敬鬼神而遠之。他是一個「素樸主義」的宗教家；不語「怪力亂神」，卻懂祭禮。

他言祭祀，既重視外在的形式、行為，又不輕乎內在的情感、態度。這幾項主張，在我觀來，歷經2500年，卻仍歷久彌新。或許我可以將之引用到宗教祝聖來，「以古用新」，看看是否有其參考價值及合理性。

首先，談他對祭祀時，與祭者應該抱持的內在情感：

我們常聽到《論語・八佾》中說：「祭如在，祭神如神在」。

它的原文應該是「祭祖（屬）如祖（屬）在，祭神如神在」。翻譯成白話文，是指行祭拜祖先、天神、地祇之儀時，應該想像祖靈、神靈，如在廳堂、神殿上。甚至，將之精神、

典範置入於祭者內心，與之「心神交會」；再以虔誠心獻祭。

就此平行推演，當我行祝關帝聖壽之儀時，當目視廟堂上之帝君牌位或神像，心想祂的「五常德」之靈性，已進入我心。此際，我以專注、肅穆、虔敬心，對祂行「三獻禮」或「九獻禮」，內外如一的叩首、獻祭。

其次，再言朗讀、聆聽疏文的態度上：

夫子對此並未明白的說，但我可以依前項之理推論。在祝關帝聖壽時，無論是朗讀、聆聽「疏文」，或是再加讀、聽一份「祝文」，亦或是再多讀、聽第三份「祈願文」；皆須「讀如在」、「聽如在」。

換言之，禮生朗讀、會眾聆聽疏文時，大夥心神貫入文字的意理。讀疏文時，虔敬向祂稟報今日之行。讀祝文時，衷心祝福帝君萬壽無疆、典範萬古常新。讀祈願文時，祈願祂庇祐，向祂學習仁義禮智信五常德，並願用之度化眾生。

三言，孔聖人對祭禮形式的看法：

夫子亦重視祭儀的「外在形式」，認定它是祭禮內在精神的基礎。以子貢與他在《論語·八佾》的對話，最能彰顯其主張：「**子貢欲去告朔之餼羊，子曰：『賜也，爾愛其羊，我愛其禮。』**」

孔子重視與祭者的情感：在《論語》〈八佾〉言祭如在及對子貢言堅持用餼羊拜神

天子行太牢禮拜天、地、祖先（翻攝自網路）

這句話展現兩個祭儀在形式表現的意涵。第一，孔子每個月為一週期，逢初一「朔」日，必須要準時祭祀；而非在「望」日－15日祭拜。至於是祭天、地，或是祖先？他並未明言。我估計，三者連結同時祭拜，既是漢人「祭根」之源頭，也是崇本報始之情。

第二，祭祀時，必須要準備「餼羊」作為牲禮。此羊為「少牢」禮，是「諸侯」祭儀時之供品。他不得僭越，採用王的「太牢」禮－赤色之牛；或採士大夫的「饋食」禮－豬，作為祭祀之牲禮。

這兩點意涵，指出祭儀的「時間」及「供品」選擇的重要性和祭拜的週期之規律性。另外，與祭者獻祭時的份際，需要與其社會階層相吻合；千萬不要打腫臉充胖子，作超出能力之獻供。

最後，夫子非常重視與祭者的行為。

台灣維持士大夫以饋食禮拜眾神的傳統

　　在他看來，將「親自祭祀」為上策，吻合禮；「請人代祭」為下策，遠離禮。「祭」與「禮」連結一起，才能展現祭者與被祭者之間的共同情感，或祭者向被祭者典範之學習。

　　子曰：「**吾不與祭，如不祭。**」說明了任何人必須要親自參加祭儀。以祝聖儀式為例，如找人代表自己祭祀關公、孔子或任何列聖、仙真、諸佛菩薩，那就不用祭了，這才符合「禮節」。

　　換言之，唯有「親力親為」的祭祀，才是合乎禮，才能發乎情。反之，找人代祭、代拜，算什麼呢？

　　綜合上述，孔子對祭儀之內、外在表現的看法，頗適合引入在當代宗教祝聖儀式；也有助於建構宗教祝聖的「標準化」之原則。

　　至於「標準化」祝聖之內容細節，仍待具睿智、遠見的宗教家，依其教派之宗教傳統及現代社會之需求，斟酌損益後，重新建構。

修行教化：玄門真宗鸞門祝聖觀後感

逢甲大學教授　工志宇

一、前言

　　玄門真宗是近二十年來快速崛起的一支民間教派，是以鸞堂的扶鸞為基礎，所發展而來的教派，與其他新興宗教相比較，能夠從傳統加以改革，符合現在社會的需求與潮流，是這支教派很特別的地方。民國 111 年 7 月 17 日（農曆 6 月 19 日），在關聖帝君聖誕前，玄門真宗特別在玄門山邀請國內各相關寺廟前來為關聖帝君祝壽，並展演各教派宗門的祝壽儀軌。看過這些教派的祝壽活動後，以下幾點是本人透過此活動的一些個人淺見，茲略述如下。

二、觀後幾點感想

　　1. 有關祝壽儀軌：

　　各教派宗門的祝壽儀軌，不盡相同，有些儀軌的展現，必須透過某些經典的誦唸來進行，但所占時間過長，主辦單位規劃半小時，但往往一個教派寺廟的祝壽團體，其儀軌常超過一小時。時間上過於冗長，在現代社會

可能是一種宗教傳播上的弱點。玄門真宗過去已針對此一現象，在其祝壽儀軌的展現上有所改革，這是一個好的起點，不過仍須注意某些傳統儀軌可能有其精微之處，某些曲調音韻，往往讓人很快能進入狀況，甚至在誦唸之後，仍能久久環繞於心，所謂餘音繞樑，能否達此境界，仍待有心人一起努力。

2. 有關祝壽活動的教化意義：

此次的祝壽活動各教派再進行一祝壽儀軌展示之時，其實除了各教派自己人可能知道其展示各環節的意義外，外人恐怕很難知曉，在此建議主辦單位及各教派宗門，或可事先溝通，將各教派祝壽儀軌的意義及持誦的經典與意義等，事先撰妥文本，交給主辦單位，在現場或可透過電視牆來說明，或印刷成手冊，給予現場參與者，藉以讓參與活動的人員可以了解這些祝壽活動的意義，達成教化的目的。

3. 玄門核心思想與修道方法的建立：

玄門真宗一直努力地為鸞門尋求突破，希望找出鸞門的核心思想和基本哲理。這裡其實涉及了相當深奧的核心思維及哲理思想，甚至與一支教門如何建立其修行次序與實踐其修行的終極目標有關。我們可以看到佛教發展的歷史相當久遠，其教理及經典的研究，過去有成千上萬的修行與研究者投入，所以能有非常多的經典產

2022 玄門真宗法師於聖壇行祝壽禮

生，這些都是相當扎實的修行寶典。一貫道的發展也經歷了上百年，其道內道行高深者也相當多，目前累積的經典與研究也漸次增多，將對未來的發展產生關鍵性的影響。玄門真宗目前雖有意往這方面努力，但應該結合有心人士一同努力，並尋求善智慧，從過去鸞門的經典及作法，凝聚鸞門的核心思想及修行方法。

4. 經典儀軌的研究與整理：

扶鸞從清代傳入台地以後，歷經日治時期的快速發展，鸞堂在台普遍傳佈，且經日治時期楊明機扶出「儒宗神教」法門，並四處扶鸞推廣鸞堂，使得儒宗神教為許多鸞堂所認同。玄門真宗秉持鸞門此一法統，必須留意此一過程中的教派化現象。從過去的歷史發展我們或許可以得到一些啟示。

從日治時期鸞堂大興以後，部分鸞堂與鸞生積極的為儒宗神教進行教派化的工作，包含了教派經典的編纂，尤其是科儀類經典的編纂，更是具有指標意義，其中如楊明機所編輯的《儒門科範》，戰後台中聖賢堂所編輯的《鸞堂聖典》，或是埔里陳南要所編輯的《儒宗神教規範》，都是相當重要的作品，其中尤其是《儒門科範》與《鸞堂聖典》，內容系統化也相當扎實。從《儒門科範》到《鸞堂聖典》，兩書的內容都尊崇儒教，也都強調三教合一的內涵，並對於相關的神明擺設、經典儀式等都有所說明，甚至連修道必須讀誦的經典都有所羅列。

楊明機所編修的《儒門科範》設定儒宗神教12則法規如下：

1. 三綱五常，以重聖門。

2. 克敦孝悌，以肅人倫。

3. 謹守國法，以戒爭訟。

4. 篤愛宗族，以昭雍睦。

5. 崇重法門，以堅信賴。

6. 黜革異端，以崇正道。

7. 明修禮讓，以厚風俗。

8. 尚持節儉，以惜財用。

9. 解釋讎怨，以重生命。

10. 內外兼修，齋戒慎懍。

11. 體天行化，克己渡眾。

12. 勤求精進，日就成功。

從上列12則的內容而言，儒宗神教可說是一支以實踐三綱五常道德倫理為核心思想的教派。此外，楊明機

在《儒門科範》內有關崇聖法節，以無極天尊奉於最上，其下由孔子居中，其左為老子，右為釋迦牟尼，安於上座，關恩主、呂恩主、張恩主及王恩主、岳恩主安於下座。並云：「右安奉寶座，以為禮拜之儀，兼三教而崇乎神教之利生也。依儒、道、釋，以別序次。而最上另奉無極天尊，為生天生萬物之至尊，用無極燈以表號之。藉此神明的供奉位序來闡明有關天地創生及三教互通的義理。此種安排自然涉及教內修道思維與次序的安排。所以楊明機將儒家的經典《中庸》收入到《儒門科範》中，作為其〈無極內經〉的主要內容，在其規劃中，顯

玄門真宗以聖鸞學為基1

玄門真宗以聖鸞學為基 2

然將儒學經典視為其修持的寶典，並在三教中凸顯儒家的義理思想，作為道德實踐的準繩。從相關科儀經典的整理，可以看到道內核心人物對於宗教修持的看法與安排，此對於宗教的教派化，有相當實質的貢獻。

三、結語

關聖帝君的祝壽活動，其實僅是關聖帝君信仰下的一個小環節，但是信仰的建立與深化，如同人對內心的省視，是從微小處做起。我們可以看到諸多教派宗門對於有關關聖帝君的相關儀軌，都很重視，但在宗教發展上，除了儀式實踐，其傳布與深化有賴信眾的參與以及透過此活動，對於關聖帝君核心思想的推廣。所以在此次的觀摩活動中，我們可以看到對於相關儀軌的說明與詮釋是不足的，很難讓信眾理解這些儀式的意義何在，另外透過活動的啟發，我們也可以理解，許多科儀需要做一些現代適應，需要加以改革與修訂。而更重要的是如同過去儒宗神教的發展，鸞門如何聚焦凝聚此一教門的修法與核心理念等，是需要有心人士共同來凝聚規劃，並特別需要修行有德的善智慧，善加擘劃推廣，才能造福社會，有益人心。

典範化：宗教祝聖現場側記

前銘傳大學副教授 劉久清

岳飛精忠報國典範

本次論壇討論的論題之一為宗教儀典、宗教祝聖儀式的標準化、典範化。

會有此一論題，當然是因為面對（以本次論壇主題「關聖帝君祝壽儀典」言）台灣社會的各個不同宗教、教派、法脈，不同宮廟均各有其獨特關聖帝君祝壽儀典之現象，而提出的探討。

但是，其所以如此，關鍵原因在於各宗教、教派、法脈、宮廟對關聖帝君的理解、詮釋乃至對其神格之定位均有不同，如果無法充分、適當地對此進行回應，就必須小心標準化的結果是極有可能造成儀典的固化、僵化，進而使其流於形式，甚至因此喪失其神聖性。

至於典範化，如果「典範」一詞採用的是 Thomas Samuel Kuhn 在其所著《The Structure of Scientific Revolutions》一書中的意涵（這也是當今台灣學界通用的意涵），則典範化即是要促使所有台灣的宗教、教派、法脈、宮廟共有某種特定而統一的教

義、儀典乃至組織方式。

這樣的企求，且不論其幾近不可能達成，即便是真能達成，也必須小心其極可能付出的代價是：因此斲喪台灣民間宗教最大特色與優勢——活潑潑的生命力。

會如此預測，是因為 Kuhn 在做科學史研究時發現，科學是因為革命才會有突破性的進展。而科學之所以會革命，是因為當科學確立其典範後，科學家就以統一的理論工具、實驗方法及研究問題進行「常態科學」(normal science) 研究。但是，卻因此侷限了科學家進行研究的彈性與可能性。科學研究的目的在預測，在常態科學的狀況下，失敗的預測，常被解釋為不

重要或執行有誤。一直要到預測失敗的狀況嚴重到其典範受到懷疑，而各種不容於典範的定律、學說、應用、實驗工具與方法開始被接受、甚至肯定，最終引發科學革命，推翻既有典範，科學研究乃進入「非常科學」(extraordinary science) 時期，直到新的典範確立，科學研究乃再度進入常態科學狀態。

有鑑於此，就必須對宗教儀典典範化的追求，有所保留。

因此，我認為應以費孝通所謂的「文化自覺」為前提，追求「和而不同」。

「文化自覺」，是費孝通針對今日世界存在著多元文化並存，且相互

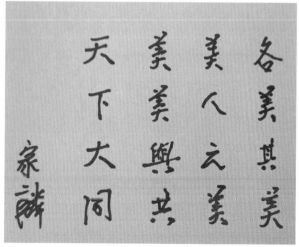

費孝通言：各美其美

交流的實況，提出來的概念。

　　就本次論壇言，則可將「文化自覺」的概念解讀為：促使存在於台灣社會的各個不同宗教、教派、法脈，不同宮廟，能夠做到自我反思、做到有「自知之明」。並因此而能夠在肯定、尊重其他宗教、教派、法脈、宮廟的前提下，彼此交流、互動、觀摩，做到「各美其美、美人之美、美每與共、天下大同」，也就能實現「和而不同」。

　　至於各個宗教、教派、法脈、宮廟要做到有「自知之明」，首先就必須對其教義進行整理、確立。

　　如此，乃可有一明確依據檢視其儀典，並呼應社會變遷需求調整其儀典，才可能接地氣，回應當時、當地人之需求，為其接受。

　　也是在此一前提能夠確定的狀況下，要討論如何以3C軟硬體操作宗教儀典、如何進行體驗行銷、整體行銷之議題時，才能錨定其核心，不致散漫無所依皈，甚至流於為運用3C而運用3C、為行銷而行銷，失落了推廣宗教之根本意義與價值。

　　但是，台灣地區民間宗教之特質，在於為瀰漫性宗教（difused religion），缺乏的正是明確的神學，又如何可能去確立其教義？

　　這個問題的關鍵在於：瀰漫性宗教並不缺神聖性，缺的是對神進行理性思辯與系統性討論的神學。也就是說，瀰漫性宗教雖在理論上明顯不足，在體驗上則不然。瀰漫性宗教的體驗雖然未必發展出明確修行模式，卻不缺對神之敬畏與因之而起的道德意識。

　　由於瀰漫性宗教的教義、儀式、組織與世俗制度和社會秩序等其他方面的觀念和結構有著密切聯繫。因此，要確立台灣地區民間宗教的教義，可自其與世俗倫理道德結合之道德意識著手。例如「仁義禮智信」五常德。

　　以此為基礎，在設計各種行銷策略與所以進行宗教儀典操作之3C軟硬體時，就有了檢驗的依據、發想的凝聚點，不致漫渙無憑。

　　此外，對於3C軟硬體的應用，最關鍵的是網路，尤其是5G，乃至6G的發展。此一發展，加上人工智慧的進展，已經愈來愈可能使我們就生活於網路上。3C軟硬體在人類未來的生活中，已愈來愈不再只是供我們運用之

工具，而是與我們整合為一。也就是由人運用機具，發展為人機協作，乃至人機合一（所謂的 cyborg）。

此一發展預示著人的能力——生理能力、計算能力的高度提升，也就可能對既有的倫理思維，甚至神聖性體驗產生衝擊。

因此，我們有必要現在就開始思考宗教如何面對、因應此一發展？

最後，關於如何強化參與的問題。

我認為思考不應侷限於信徒之參與，而應是全社會之參與。

此一議題，可以結合前述如何以 3C 軟硬體操作宗教儀典、如何進行體驗行銷、整體行銷等議題，採開放、廣招徠的方式處理。

亦即：設定各式相關題目，公開徵求解答。

例如：宗教教義的論文研討與競賽、描述／展現宗教體驗的藝文競賽（類別可含括文字、影像，乃至遊戲）、宗教儀典展演規劃與設計的競賽、各種宗教行銷策略規劃方案的競賽等等。

這些成果，不應該只是頒獎後存檔。教義的思考成果，應作為教義發展的依據；體驗的展現，應作為發展、檢視體驗的依憑與改善儀典的參考；儀典設計與行銷策略，更要能實際提供執行機會。

如此，一方面，可吸引因各種緣由對獲致解答有興趣的人參與，並透過參與使他們瞭解宗教，乃至產生信仰。

再方面，透過徵選出來的種種成果，可以使宗教與宗教儀典更能與時俱進、合乎當地需求、從而更有吸引力、更能為人所接受。

除此之外，如果能長時期、有計畫進行這一系列徵選工作，其累積的成果，必將促成宗教與宗教儀式在質上的躍進，發展出更成熟、更有助於提升世道人心、更有助於世界發展的宗教。

玄門真宗的法香

變中見常：宗教儀典的典範與轉化

警察專科學校副教授 李智平

孔德成拍攝《儀禮・士昏禮》影片（翻攝自網路）

今天很榮幸受玄門真宗、張家麟教授邀請，參與這場關聖帝君祝聖學術研討與展演，以下將從四個角度提出今天觀摩儀典後的觀察心得與反思。

一、「儀典」本質在乎人情的展現：每一個禮儀動作如何展現出情感至為重要，因為每個儀典均有其背後意義，也呈現出對宗教、神祇信仰的敬畏之情。

如：孔子第 77 世孫孔德成（1920-2008）先生曾於 1969 年拍攝《儀禮・士昏禮》的影片，內容是展演上古時期婚禮的禮儀，前台大中文系章景明教授回憶當年拍片的辛苦與禮節的意

義說到：「禮是道德的具體規範，什麼是道德？道德的觀念是抽象的，抽象概念如何落實在現實生活中？然後拿來做為規範人們行為的準則？這所謂行為準則，就叫做禮。我們常說有內有外，儒家講得很好，禮之質（本質）就是真實的情感，這種情感也是抽象的，人有喜怒哀樂，有高興的事情，有悲傷的事情……節是節制，要有不同的表現，如守喪之後，粗重的衣服要改成好看的衣服，最後把喪服除掉，讓人可以恢復正常生活。」 要言之，情感很抽象，須藉由具體禮儀呈現內在情感；但情感也不能無限制

宣洩，要經由節度防止過猶不及，這就是「禮節」的重要性。將之制度化，形成禮法儀式者，就是「儀典」。

另如：現代文學作家劉梓潔〈父後七日〉一文，講述女主角在父親過世到頭七前後這段時間心路歷程的轉變，該文曾於 2010 年被拍成電影，作者透過黑色幽默呈現出臺灣喪葬文化。文中特別彰顯出兩大重點：一是「儀典」與「家屬情感」之間的連結。當儀典過於繁複而逐漸與社會時代脫節時，生者是否還能感同身受儀典的意義，並從中感念出對亡者的敬意；二是透過文學作品，紀錄、保存臺灣特有的民俗文化。整篇文章、電影流露

出生者對往生者懷念之餘，尚帶有一絲幽默感與民俗文化的認同感，令人莞爾。

因此，各教派「儀典」的每一個步驟都是禮節、人心情感的連結，但隨著時代轉變，後人是否或如何能深切感受到儀典背後的真實意義，萌生對教義、神祇的恭敬虔誠之心情，這關乎一個教派能否傳承與廣為流佈的重要原因。

二、 兼顧「典範化」、「與時俱進」的儀典：承接上點，儀典的「典範化」、「與時俱進」，這是兩個相對的提問，但不必然是對立的。在此運用科學家兼哲學家的湯瑪斯‧孔恩

父後七日（翻攝自網路）

(Thomas Kuhn，1922-1996)1962 年發表《科學革命的結構》有關「典範」、「典範轉移」的概念說明。簡單來說，「典範」是某些人基於共同理念、價值觀形成共識基礎下的知識架構，因此，典範能夠使團體內彼此之間達成「互信」、「普遍性」、「共同觀察角度」、「世界觀」等最高且牢不可破的共識。譬如：任一教派之所以能成立與興盛，便是團體內的每個份子都達成了上述諸指標之共識。隨著時代移轉，當典範遇到異類、變例的衝擊，會使原本牢不可破的共識受到挑戰，進而產生質疑，在歷經改革後，又會形成新的共識。好比說：當部分人對信仰發生分歧，典範就會受到挑戰，從而產生新的應對方式，再進化到下一階段的共識，這就是「典範轉移」。

因此，祝壽儀典的「典範化」確有其必要性，但此一典範要架構在共同信念與精神下，使其成為不可易的根本儀則。相對來說，儀典能否「與時俱進」將受制於三個成因：一是後來的信仰者是否能堅守、知曉最初儀典之制訂而成為典範的理由；二是外在形式、環境的變遷，如：疫情、客觀環境限制（如：因為環保而限制燒香、燒金紙）、追求時效性……等，迫使原本的儀典形式不得不改變，譬如：婚顧行業的誕生、殯葬行業的規範化、體制化，雖符合工商社會快步調的需求，但某個層次上，卻也簡化了傳統婚禮、喪禮、祭禮的儀式。因此，在與時俱進過程中，如何能保有原本儀典呈現出的「共同信念與價值」，不失神聖性；又能符合不同時代人情所需，這是典範轉移定然得面對者。三是教派能否自覺感應時代變化，在儀式典範神聖性下，開拓新的媒介、方式，讓更多人願意接納。譬如今日觀察到玄門真宗儀典音樂的現代性正是一例，其中的中西樂器合璧、輕快的節奏感，能吸引更多不同族群的人加入。

玄門真宗文創商品

要之，儀典無論是「典範化」或「與時俱進」，最重要的是能凝聚人心，不僅是凝聚信徒的心，同時還能拓展到其他非信眾的接受與信賴。

三、 三教合一精神的現代化與落實方法：在「三教合一」前提下，關聖帝君信仰已然鎔鑄出至少涵括：「忠、義、仁、勇」等倫理道德。

玄門真宗對關聖帝君信仰的特點有兩處：其一，是儀典中的〈祈願疏文〉強調「聖恩浩蕩恆施慈德護群生，帝澤巍峨廣被仁風沾萬物」。這兩句疏文真切融合佛、道思想中談「慈」之德，以及儒家的「仁風」，真正融鑄了三教合一的精神。

其二，以儒家的「五常德」為信仰要義。在古代帝制社會，為表彰關聖帝君的忠義精神，一般多以「忠、義、仁、勇」表彰其德；玄門真宗則擴大其德行義舉對後人的影響範疇，並通俗化出符合現代人所需的各種生活品德，既以五常德之—仁、義、禮、智、信為信仰要義，又對其中內涵進行創造性詮釋，對五常德的定義是：

仁：身體健康　　　義：人際關係　　　禮：家庭經營
智：事業經營　　　信：精進修行

在〈恭祝　玄靈高上帝「關聖帝君」聖壽　祈願疏文〉則以白話文闡釋「五常德」有言：

> 讓我能擁有您的忠孝節義，圓通自心得生命的方向及引渡眾生，
> 讓我能擁有您的仁慈感化，學習慈悲祈求諸事順利；
> 讓我能擁有您的義魄教化，學習圓融及引渡眾生；
> 讓我能擁有您的禮遵威儀，自我調伏邪心及威儀眾生；
> 讓我能擁有您的廣大智慧，能警醒自我愚痴，得大智慧引渡眾生；
> 讓我能擁有您的信行精進，自我成就一生得引渡眾生；
> 祈求您以慈雲覆我，讓我能學習您利濟群生的大慈悲。

對比這兩段文句，有幾個可觀之處。一是兼具利己、利他精神。教義中，除了修己自持，更重視推己及人的利他精神。諸如重視人際關係、家庭關係、事業經營；又數度強調「引渡眾生」、「威儀眾生」、「利濟眾生」。二、「忠義」精神的現代新詮。玄門真宗非但沒有刊落關聖帝君原本的「忠義」，更是置於五常德之前，並把傳統忠君愛國的精神，昇華至圓通自己的生命方向與外顯的渡化精神。三、確切落實聖凡雙修的精神。玄門真宗特別重視「聖凡雙修」，這是什麼意思？我淺見認為是既要修德，但也不能放棄一般生活欲望的滿足。而玄興教尊進一步開示道：「生活一切都是修行，聖凡一體，聖凡同功」，這是將二者合一，甚至二者是一。許多人在信仰過程中往往分離了二者，說一套做一套，或是過度偏頗，最常見者如過度求「聖」而漠視「凡」的重要性，卻忽略「凡」才是求「聖」的基礎；失卻了凡，又如何能求聖？玄門真宗透過各種媒介形式，如：路跑活動、各種節慶的感恩活動，讓更多人願意接近信仰，並將這些精神落

玄門真宗平安符

實於家庭、學校、團體、社會倫理，形成風氣。特別是藉由 youtube，當中既有玄興教尊的開釋，又廣納各界英才的各類型演講，諸如：人才發展與企業經營、古典醫學、經文解經、生活方式……這都是聖凡雙修最直接的表現。

　　四、從宗教教義延伸到學術發展：關聖帝君信仰文化淵遠流長，遠自中國南北朝時期（約 5、6 世紀）至今已有千餘年的歷史，當我在查考與研讀兩岸研究關聖帝君信仰的學術資料時，初步歸納出以下六種常見的研究類別，

分別是：「關聖帝君信仰的歷史發展脈絡」、「儒、釋、道三家對於關聖帝君信仰的起源與發展」、「關聖帝君信仰的內涵與目的」、「關聖帝君信仰的地域歷史發展」、「關聖帝君信仰的旅遊文化」、「學科性的分析（如：哲學、人類學、心理學、社會學⋯⋯）」等。以此為鏡，若能更深刻研究玄門真宗對關聖帝君信仰的歷史發展脈絡、宗教哲學；或將廟史發展納入地方志的編纂；或與地方大學、學術機構合作，把彰化在地關聖帝君信仰列入「彰化學」的研究範疇，將可更進一步拓展與宣揚其宗教文化傳承的意義與價值。

最後，總結以上諸點，「與時俱進」是每個教派面對時代變遷時，不得不應運而生的改變之道，如：儀典的通俗與時代化、教義的現代性詮釋。然而，「變中見常」更形重要，即儀典中最核心「常道」的價值是不可變者，也就是「愛人」。易言之，愛的方式、過程可以不一，如：儒家重等差之愛、道家遵行宇宙運行變化之則、墨家有兼愛、宗教家的博愛、慈悲⋯⋯等等，儘管操作方式不同，但不變的是「愛」、「利他」，也就是要〈疏文〉中的引渡眾生、利濟群生，這才是作為一個正規宗教最重要的核心價值與永續發展之道。以上是我的一些淺見與反思，尚祈各位學術先進、大德不吝賜正指點。

2022 於玄門山舉行「宗教祝聖學術論壇」

Part 5-2 線上座談：觀摩・分析・綜整

題綱討論

1. 就您今天的觀察，讓您印象最深刻的儀典是什麼？理由為何？

2. 您觀察的儀典中，有哪些儀式具特殊的意涵？值得其他宮廟學習模仿？

3. 在祝聖儀典中，應該維持那些「神聖性」的作為，才能感動信徒？

4. 在儀典當中，應如何操作、修訂，才能具有凝聚信徒「參與」之功能？

5. 如何把儀典「與時俱進」，與當代社會相適應？

6. 有必要將祝壽儀典「典範化」嗎？如有必要，理由為何？

進入玄門真宗脩門、修行、體現五常德核心價值

聖凡雙修・互不牴觸：反思宗教祝聖

玄門真宗教尊 玄興

開場

今天下午可以說是很熱的時間，可以邀請大家來，我們感到非常的榮幸。前面四天連續的線上學術討論。我們今天用一個現場的祝聖儀式展演及學術座談，希望能夠做一總結。

也歡迎各位在場教授、各宮院堂的主事，針對「宗教祝聖」科儀，能進一步論述或是來提出意見。我們玄門真宗會把這些文章、討論，匯集成刊、出版、發行。

去年已經發行的一本《大道向前行－後疫情時代宗教的回應》，今年將再發行第二本《大道向前行2－宗教祝聖》，來回饋給各位；希望大家共同延續、熱烈討論。今天，在此代表本教門歡迎各位的參與，非常謝謝各位。

接續

其實宣道不怕多，大家共同來勉勵，謝謝各位大家的參與。我們以祝聖科儀，讓大家互相討論、展演、學習，希望這一次活動，

能夠帶給各位多一個思考。我們可以相互學習，希望大家可以內省。

我們不要只光看別人，把自己的東西都包起來。我們也不要把自己的東西，去凌駕在別人上。所以我們在學觀摩過程當中，我懇切的希望，大家都可以自省。

反思哪裡可以改善？或是哪裡可以學習？將來為自己的教門、為自己的宮殿堂，走出一個更好的路。謝謝各位大家的參與，再次感謝！

結語

「聖凡雙修」的概念是當初我們的關聖帝君來指示，是我們立教門修行的主軸。

我們知道現在的一般宗教，很容易把生活跟修行分開。要去修行，但生活很忙，很多人都說等我工作到一段落，等老了、年紀大了責任都完成，我再去修行。

過去會有這樣的誤解，關聖帝君告訴我們，生活本來就叫修行。生活的一切都叫修行，所以在家把廁所打掃乾淨－修行，煮一頓好吃的飯－修行。

在宗教，你來學會這些道理，一定要在生活落實，我們人生有道場。我們人的第一個道場，是身體；這是你永遠逃不掉。第二個道場，就是家庭。

關聖帝君來鸞示。「聖凡雙修」是一體的，沒有分聖與凡大小，告訴大家「聖凡同功」。你在家裡的一切付出，就是在家修行，都有功德。過去很容易誤以為，你不來道場、你不進入宗教，你是沒有福氣的人，這是錯的。把家庭顧好、事業做好，功德也很大。像王永慶功德夠大吧，他照顧了很多家庭。所以聖、凡雙修，彼此互不牴觸。

玄門真宗修行系列叢書

運用 3C·展現特色：宗教祝聖的回應

逢甲大學教授　王志宇

今天很高興我看到了不同宗教的祝壽，而我將我所見所聞及想到問題，來做發言。

在儀式當場，我看到了天帝教、玄門真宗等不同教派，來作不同祝壽科儀。不知大家是否注意到，有些教派以「誦經」，有些教派「打指法印」等方式，作祝壽活動。

這些儀式動作、課誦的經典，對於一個不是教派中人或觀禮的人，他們不見得會理解。尤其是在執行科儀時，往往只有自己教派門徒可能知道，局外人可能是霧裡看花，不是很清楚。

我建議，現在科技這麼發達，可以善用它。玄門真宗在廣場外已搭一個大的螢幕；不妨在祝壽場合，也搭一個螢幕。並且將祝壽所誦經典、意義，以字幕闡述在螢幕上，讓參與的人知道它們代表的意義。

就像扶鸞展演，請學者、專家就鸞堂相關的宗教文物－乩筆作解釋。例如它採「桃木身」、「柳木嘴」，

其意義是什麼？與陰陽合一有什麼的關係？或是宗教文物、宗教儀式，尚有那些修行的意義？或有什麼宗教的象徵意義？皆可作說明。

但是，我們在今天觀摩的祝壽典禮中，參與者大家都知道如何做，觀摩者不一定知道背後的意義在哪？我想，除了需要透過科技，也需要事先去做一些詮釋，然後去展現出來。讓這科儀的外在形式及內在意義，皆可以清楚呈現出來。

另外，當我們進入到鸞堂的神聖場域，一起誦經、請神、參與儀式，

去作修行。也要透過鸞生宣講，才會進入到三恩主信仰所要展現的意義。如鸞生參與效勞、宣講、扶鸞，過去鸞堂的鸞手經由降筆，還有對過世的信徒封神，這也是它的特色。

透過身體的效勞，是可以展現修行的核心，但是這樣的核心我認為還是不足。所以我們看到，過去日據時代老正鸞楊明機就寫了《儒門科範》。裡面開始去探討你要讀哪一些經典，就編了一些經典、科儀在裡面。彰化聖賢堂也編了《聖典》，告訴你要讀那些經典，這是修行的核心。

接下來大家要一起去追尋、探究，鸞門的修行方法中，核心的心法是什麼？各教各有其獨特風格。佛教有佛家的心法，道教有道家的心法，儒教有儒家的心法。大家要去問，鸞門的基本修行心法是什麼？我想這是得大家思考的重要問題。

建議 1：用 3C 說明法師打手印的意涵

建議 2：用 3C 告知課誦經典內容

建議 3：玄門山以架起 3C 大螢幕

五項修煉：宗教祝聖品牌行銷

台中教育大學教授　龔昶元

第一次發言：儀式可作為品牌行銷

在兩年前開始，有幸參與玄門真宗的企業論壇，玄門真宗基本上就是希望引薦現代企業管理、行銷的觀念，對於宗教做一個比較豐富展現。

跟著教尊學習，我今天也將這些觀察提出就教於各位。

整個宗教來講，現在面臨到的一個比較大的問題，每一個宗教都有特殊的教義、本門的基本核心價值。如何透過現代的科技廣為傳播？要怎麼樣吸引更多人加入，來認識本門教義？我一直強調，善用宗教的「品牌行銷」。

另外，宗教、宮廟是一個很好的組織，組織的傳統也要跟著時代轉變、變化。

所以我就提到，如何應用企業管理的組織管理、宗教管理，來讓它更有效率？我在這兩年來一直在思索，在 2000 年出版的一本好書－美國麻省理工學院的教授彼得、聖吉，他出版了一系列書－學習型組織，書名為《第

五項修練》。

彼得聖吉－是美國麻省理工學院的知名教授，也是管理大師。也許大家都比較不了解的是，他其實有佛教背景，他有一段時間跟佛教互動。所以他吸收了東方佛學文化的哲學，與企業管理理論這一套結合，創造新的思維，提供給企業參考。也就說，宗教可以跟企業管理做交流。

我從宗教管理來看，其實「學習型組織」可以值得推廣、運用。它主要有五大信念：

第一項修煉：自我超越（Personal Mastery）

我們如果可以不斷反思既有的一切，有何利弊得失，就會進到另外一階叫「自我超越」。我們就把過去跟現在連結起來，用現代理念，來發現問題及當代社會需求，進而經營、發展組織。

第二項修煉：改善心智模式（Improving Mental Model）

希望宗教管理者可以自己先「改變心智」。不排除創新，當我們透過學習，讓心智的思考模式能夠改變。讓我們知道說世界時時在改變，我們自己改變了沒有呢，我們必須要「與時俱進」。

第三項修煉：建立共同願景（Building Shared Vision）

接下來我們的核心價值，就是你的信仰裡所提到的一個修煉，就是建立一個宮廟、門派的共同願景。對於現代，我們要負擔什麼樣的責任？我

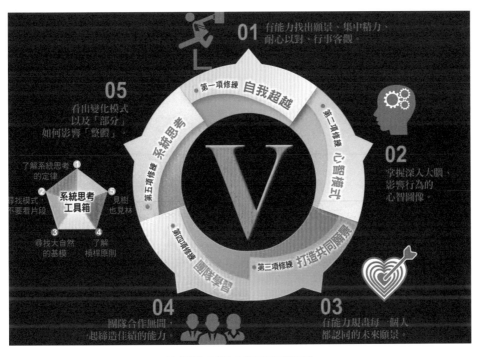

彼得聖吉著《第五項修煉》

2021 年關帝聖誕前夕，玄門真宗辦理第一屆「出神入話」小朋友台語講古比賽

們要怎麼樣去救世，淨化心靈、淨化社會？或是廣結善緣，共同建立美好的願景。

第四項修煉：團隊學習（Team Learning）

我們的心智改變，自我超越，有共同願景後，接下來就是透過我們宗教各項的交流，來「自我學習」。甚至，作現代型的「團隊學習」。如此才能使我們的組織、管理精緻、提升。

第五項修煉：系統思考（System Thinking）

如果我們整個組織變成一個系統，就要思考怎麼樣去用系統的思考，很有效率的傳達我們的修行內容與意義、教門的核心信仰及核心價值。

當我們篤行我們的核心價值，我們去傳播的時候，我想就會感動別人，

這就是宗教管理的內在意涵。再由內在的心理導向外在周圍的人，可以引進更多的信眾加入。

所以我們就提到，現在科技帶給我們很重要的體驗行銷。在前四天的座談，我就有提到「體驗行銷」的概念，基本上它就是讓信眾願意身體力行，去感覺到這樣對他是有效的。

他才會透過儀軌、受到感動。我看到玄門真宗對此，已經在做一些現代化的改變，頗適合現代人的節奏。當有這樣的感覺，就容易產生共鳴的情緒，有了共鳴的情緒，就會思考是不是應該去加入宗教。

尤其是，當我跟他有同頻－「志同道合」，有這樣的考量後，他就有機會去行動。有機會行動，他就想到說：「那我要為這個組織、教門做什麼事

2021 年關帝聖誕前夕，玄門真宗辦理第一屆「百家爭名」創意大賽

情」？然後，他與儀式的互動愈緊密，就產生他與教門的良好關聯。這就是現代化的體驗行銷，也是我們宗教界所必須要做的事情。

我們如果可以善用行銷理論，及運用合適的方式去結合現代化，就可改變儀軌，自我增進。思考組織是要透過學習，並可與現代科技、需求作結合。

如果這樣，我相信教門、宗教組織，會與時俱進，而不會被時代所淘汰。我們就會跟的大眾結合在一起，教門的核心價值，也就會比較容易傳播。

第二次發言：商學與宗教的連結

我作一個簡單的心得分享，宗教與時俱進、廣結善緣其實是必要的。我用一個故事，在兩年前，我去口試一位逢甲商學博士，他是企業第二代，他發了 400 多份中國大陸宮廟的問卷，去調查宗教跟心理學「阿賴耶識」的關係，他以商學的角度，跟宗教結合，去研究宗教、人格心理跟商業學理論能結合的創新議題。這是現代交流跨領域的概念，也是宗教跟現代生活結合，與時俱進的傳播概念，這樣的概念可以引導我們一起向大道前行得更遠大。

也因為宗教跟生活結合，與其他科技整合、學術結合是的重要，所以我們這裡就是一個很重要的交流平台，我們作一個標竿學習，讓大家把自己的一個心得互相的勉勵，互相的交流，得到更好向大道的一個康莊大道。

宗教融合：玄汝宮祝聖經驗

中華玄汝展望慈善協會理事　劉家孟

真得很開心這個機會跟各位分享，為什麼我們今天的科儀是用原住民的舞蹈。

其實中間有一個起因，主要我們的妙慧師父原本是虔誠的天主教徒，他是泰雅族的原住民，剛剛教授講馬偕等許多的西洋傳教士，透過醫療或給予食物的方式，進入到的原住民，改變他們的宗教。

有些人說這是文化入侵，我個人覺得這是一種族群跟文化融合，在整個科儀當中，特別強調融合及底蘊。我非常認同剛剛教授所講的現代行銷，要抓住這個議題。

尤其現在 2050 年之後，新車年不再販售燃油車，主要是販售電動車，另外關於淨零碳排及如何跟聯合國 ESG，也是宗教未來要去思考得概念。當未來溫度持續上升，溫室效應事情，我覺得去思考融合這概念。

狄更斯小說《雙城記》講過一句話：「這是一個最好的時代，也是最壞的時代」，現在連文化大學中文系未來都會全英文教學，用英文來教中文的方式。其實是造成一種我們中華文化在經濟、文化融合面臨重大的衝擊。

像小時候我在我們在學詩詞吟唱的時候是學台語，到現在沒有人再談結詩詞，都談說如何賺錢、如何快速致富等。

我覺得宗教最重要部分是保有核心價值，我個人覺得在面對西風東漸、世風日下人心不古的時候，我覺得保有我們主要核心－仁義禮智信這個概念。雖然聽起來很八股，但我覺得這是我們生活當中、生為一個華人很重要的事情。

　　因為我們玄紗宮雖然是比較新的宮廟，再加上我們紗慧師父本是原住民，所以我們在祭拜時候除了祭拜一般漢族的祖先，另外還有阿立祖。我們的紗慧師姐有時候是阿立祖來時，用小米酒、山豬肉器祭拜祖先。

玄紗宮用原住民舞蹈祝聖

感應‧道德‧內化：觀摩祝聖心得

政治大學副教授　彭立忠

第一次發言：宗教儀式展現宗教道德

尊敬的玄興教尊、主持人張教授、各位與會教授、各宗教的先進們：大家午安！

今天很榮幸能應邀參與宗教祝聖學術研討與展演的活動，從早上觀摩各宗教的現場祝聖儀式，到現在的學術研討，看到有我所熟悉的天帝教、天主教，與天帝教同源的天德教，有我初次接觸的各在地宮廟代表，有不同的基督新教的主內弟兄們，我的感覺是非常愉悅祥和，因為這種宗教的包容與平等對話，在某些地區是無法存在，而我們的社會不僅宗教信仰自由，也能在宗教的場域提供各宗教信友們彼此開放、彼此尊重的交流對話，這種真誠是非常可貴的。

容我簡單自我介紹，我是一個儒家化的天主教徒，因為我的宗教信仰，所以我對於其他的宗教與教派較少接觸，但是我的儒家教化也讓我對於各

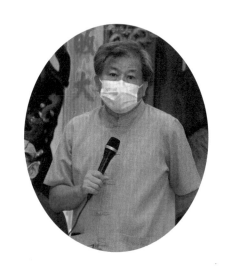

種宇宙人生探索的宗教現象並不排斥。

今天我以傳承儒家的天主教徒來禮敬關聖帝君，這是一項特殊的因緣，因為關聖帝君除了是一位歷史上的武將，也是死後顯靈被民間建廟祝聖的神祇，中國文化受儒家傳統影響，一向尊祖敬宗，而關公在去世後的一千多年裡，被不同朝代（宋元明清）的皇權認可追封，甚至被儒釋道二家共尊，一百多年前更在大陸與台灣的信眾推崇為第十八代玉皇大帝（A. D. 1864-），這樣的經歷非常罕見，也是

我所感到好奇的。

在座各位都是有宗教信仰的，也都是有福報的。我們所以會有所宗教信奉，大概不外乎兩種力量的感動，一是自我修行的感動，一是神秘力量的感動。我個人會成為一個天主教徒也是基於特殊的一段因緣：當我還是年僅五歲的蒙童，那一年的聖誕夜裡，眷村的鄰居們呼朋引伴的前去天主教教堂望彌撒，說是去看聖誕老公公，我也就這樣的被帶領到聖堂前，在神父裝扮的聖誕老公公施行聖水洗禮下成為一位新進的教友，然而我卻因為缺乏持續的帶領，有十餘年未曾進入過教堂，也不曾接受過正規的讀經教訓。

在我高中為升大學考試的壓力階段，學習生活之外曾遭遇一些橫逆的不公平對待，當時的挫折鬱悶亟需尋求出路與慰藉，我周遭的幾位信仰基督教的好友就借我聖經研讀，同時因為工藝課的作業必須組裝收音機，當收音機組裝成功，夜晚收聽節目就成為精神上舒壓的重要憑藉，某個夜晚讓我收聽到牧師主持的「晚禱」節目，讓我很自然的在節目結束前學習向神祈禱，傾吐一天的遭遇與祈求次日的力量。

就這樣在某夜的祈禱時，心中有一個迴響告訴我：「去找你的教堂！」

天主教的神召感動

萬惡騙為首，是當代道德墮落的困境

於是當我跨入國中三年過門不入的教堂，去尋求心靈的力量時，神父很驚異的看著陌生的我，更神奇的是，神父竟然從教友的檔案中找到我童年時的教友證，讓我毫不猶豫的重回教堂，並且努力補課重新成為一位基督徒。我相信有著扶鸞傳統的關帝信仰，或是各不同宗教教派，都會有不同的神秘力量感動，而信友們要能夠持續在宗教信仰的道路上堅定，還會需要有不同的教義啟發及生活中對於宗教經

典的實踐。

關帝信仰的核心價值觀是儒家的五常德：仁義禮智信，以及中華文化貫串常民與仕紳的忠孝節義精神，這些不僅是關帝本身所奉行實踐一生，也是我輩無論宗教信仰為何，做人處世也不可違背上述價值觀。在今天觀禮過程中，祈願疏文中即表達了祈求效法關聖帝君忠孝節義及仁義禮智信的懿德，使做人處世能夠圓融慈悲，調伏妄念痴愚，堅持信行精進，不僅修己也求渡人。

我曾思索儒家教化以「孝」為重，儒家經典的《論語》特別重視孝與仁。因此我們民間有俗諺以：「百善孝為先」，請問大家：「下一句應該如何對句？」【此時眾人皆沉默，慢慢的有人對出】「萬惡淫為首」。我知道在《關聖帝君救劫文覺世真經》中有一段話：「淫為萬惡首，孝為百善原」可是我以天主教、基督教的《舊約聖經‧創世紀》故事來說，當人類始祖的亞當與夏娃被神創造出來並安置在伊甸園裡，允許他倆得以支配處分園中的蔬果與動物，但是唯獨不能摘食

一棵善惡樹上的果子，結果伊甸園中有一條會說人話的蛇，引誘夏娃與亞當偷吃了善惡樹的果實，他們因此犯下原罪並帶著原罪的基因遺傳給後代子孫。

按照《舊約聖經》的記載，人類始祖犯下的第一樁罪過就是欺騙，無論是誘惑人或是被誘惑，以致於個人犯下過錯之後的找藉口（文過飾非、推卸責任）都是一種欺騙，所以我認為「萬惡騙為首」。我們現在所處的時代資訊發達，然而卻是充斥著假訊息與言過其實的文宣，特別是政治公眾人物不斷言不顧行，從學位證書到政黨政見莫不充斥虛假妄聞，讓我感到真誠與信實是何等的重要，而民主社會雖然自詡社會多元，但是「自古皆有死，民無信不立。」《論語·顏淵》應該還是顛撲不破的真道。

我個人雖然首次參與觀摩祝聖關帝的儀典，方才聽到玄門真宗的道親們在儀式進行中宣讀的疏文與伴奏的樂音，讓人感到莊嚴祥和節奏不失輕快。但是，我這次原本期待能觀看到六佾舞祭獻關帝君的儀式，可惜本

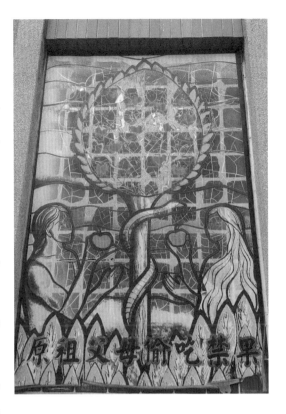

原祖父母偷吃禁果

次的儀典中沒有安排。因為在文獻中發現，祭孔大典的六佾舞也被用來祭獻關聖帝君，雖然因為關帝是武聖，所以佾生改為手持盾牌與短斧，我希望能經由祭獻關聖帝君佾舞的表達，落實討論子題 1. 宗教祝聖儀式舉行，如何使之兼具「修行」、「教化」功能？

因為佾舞的表演，除了提供佾生參與致祭的訓練，佾舞的展演也代表了文武合一的傳統儒教（禮樂射御書數）。個人覺得關聖帝君既然為儒釋道三教，甚至為儒釋道耶回五教所共

尊，在其祭典的呈現上，如何彰顯忠孝節義及五常德的抽象精神，用禮樂射御兼具的佾舞來編舞，不失為一種創新的傳承。

在國內的表演團體中，優人神鼓是一個講究修行與展演合一的劇團，他們提倡三打：打坐、打鼓、打太極拳。借用崇神祭拜的儀典樂舞，譜寫出新的編舞展演，他們更要求團員進行打坐參禪式的修行，從而悟道掌握自己的身體律動。因此，個人有個淺見，如果玄門真宗希望建立一套祭獻關聖帝君的祝聖儀式，既可吸引年輕人投入，又能在儀式活動中鍛鍊修行，是否可以敦請優人神鼓的專家編舞者參與相關佾舞的創作創新，值得大家卓參研究。

期待看到關帝釋奠禮及佾舞

第二次發言：結語

今天過了一個很豐盛的一天，千里之行始於足下，我們必須把我們信仰的道理，實踐在我們生活動，就像剛才說的生活就是修行。當了公務員都知道，生在公門好修行，我們隨時把握我們的機緣。

優人神鼓的元素可以融入現代的佾舞（翻攝自網路）

信仰‧價值：反思宗教祝聖

前銘傳大學副教授　劉久清

第一次發言：哲人的反思

其實哲學思考有個最簡單的方法就是打問號？哲學家最擅長其實就是問問題？不擅長給答案！聖嚴法師也曾經說過，哲學家常常提出非常高明的解答，可是都沒用，為什麼沒有用？有兩個原因。

最主要原因是：會被他學生推翻。哲學家提出來的任何哲學理論，不斷被推翻過程，這樣的原因是因為哲學思考很關鍵的就是問一個問題，你為什麼是對的、有道理？為什麼不可以這樣？為什麼一定要那樣？就是會不斷地問這類型的問題。

以這一點出發，回到剛剛提到21世紀非常重要。台灣的翻譯，其實我覺得不太好。對不起我不是肯定大陸，可是大陸的翻譯，我覺得比較合理。例如：台灣翻譯成「永續」發展目標，「永續」太驕傲。大陸翻譯成「可持續」發展目標。

為什麼聯合國會提出這個東西？是因為現在是全世界各國都在作。即使台灣沒有加入聯合國，也在說這東西。

為什麼會有這個目標出來？是有一個重要的原因，原因是什麼，沒有宗教。

為什麼會這麼說呢？因為會可持續發展目標的關鍵，是因為人造成了各種各樣的問題。為什麼人會造成這樣的問題？因為人不斷的自我膨脹，不斷的自以為自己可以成為主宰。不斷去控制環境，不斷的去控制人，造成了各種各樣的問題。

可持續發展目標，就是要解決這些問題。為什麼人會這樣膨脹？就是因為喪失宗教信仰。

今天，我看到玄門真宗祝聖的〈疏文〉，一開始就說：「慈悲偉大的玄靈高上帝關聖帝君」。我覺得這是人謙虛的向神呼籲，向神訴求。承認人是不足的，人是有限的，必須靠神。

這個神，當然可以是任何一種概念，可是最重要的是的基礎，就是承認人是不足的，承認人是沒有那麼強的力量的。這是宗教非常重要的一點，而這點又牽涉到另外一個東西。

當代社會維也納精神分析的第三學派－法蘭克，提出過一個概念描述當代社會－「意義的真空」。是指當代社會意義消失了。為什麼意義消失了？

為什麼要唸書？現在去問大學生，大概答案是為了一張文憑。為什麼要

那一張紙？是為了工作。又為什麼要工作？是為了要錢。錢又是拿來幹嘛？拿來花。為什麼要花？要活。這些回答，就個人來看，失去了人生超越的意涵；就集體而言，也失去了當代社會的意義！

不知道大家有沒有看到，現在都是人在吃飯的時候對著手機，聊天的時候有對著手機；吃飯的意義不見了，聊天的意義也不見了。這個現象，其實就牽涉到人對自己的認知，開始沒有辦法重新確立、確認。

這個東西，就是在宗教提到中的各種德行，它們是非常重要的。我們民間宗教還有一點非常重要的，我覺得是最可愛的地方，就是那種多遠的

聖嚴法師：善於提問，不擅於解答

蘇格拉底：我唯一知道的，就是我不知道

目標，我們會去追求，現實的利益，我們也會去追求。

所以我們不但求神，還要發展我們的道德。我們希望風調雨順、國泰民安，我們更希望自己能夠發財。所以，既有現實的利益，也有高遠的道德。各方通通可以整合在一起。這一點，放在今天具體的生活裡，讓大家感受到民間宗教存在的價值。

還有一點，剛剛提到的3C社會。大家要注意到一件事，目前為止大家還在想到的3C是工具，可是已經有很多科幻小說已經再講，3C是我們生活的空間，3C變成我們的生活。

在這種情形之下，宗教勢必面對此現象。我們應該要思考，怎麼樣去運用它來發展宗教？這其實是我們當前必須面對的問題。

結語

我借用費孝通兩句話，是中國第一代的人類學者，非常優秀。他在90年代提出來了4句話，我只用其中2句，「各美其美，美人之美」，不需要刻意去追求融合。

另外一點就是，談當代社會要注意到人工智慧的發展，人工智慧的發展有非常好的地方，可以降低所有人力的需求。降低人力的需求的時候，就有一個可能，讓我們人有更多的時間不用工作，工作做什麼，追求自己提升自己心理。 這是我們可以注意到的發展。

另外一個要注意到如何跟AI互動，這是我們一定要注意到的課題，

法蘭克：尋找體悟生命的意義，使能快樂生活（翻攝自網路）

變與不變：比較宗教祝聖

警察專科學校副教授 李智平

第一次發言

我們學校很特別，我們是台灣警察專科學校。很多的畢業生或是警察局的警員，拜的就是關公。所以，是有很多的連結性。我今天就想針對主題，來做出一些回應。

對於今天早上儀典的觀察，我還是要特別的讚美一下，就是音樂的現代化部分。因為我自己也是一個很喜歡流行音樂的人，所以聽到那種太慢的音樂的時候會忍不住想睡覺。但是聽到有節奏感音樂時，腿就忍不住開始顛起來。

所以，我就覺得這種方式，跟這個時代來接軌的情形，是很重要的事情。就連結到了在今天的這個主題當中的裡面談的主題很有趣就是，如何把儀典與時俱進，跟社會相適應。

另外一個題目是說，有必要將祝壽儀典典範化嗎？

其實兩個題目不曉得大家有沒有感受到它是相對的，一個是與時俱進，一個儀典點典範化。一個是變，一個是不變。其他兩個都有他的一個存在的必要性。特別提到了典範化時，就讓我想到哲學家孔恩，他的《科學革命的結構》一書中，談到的典範這個詞的意義，還有什麼叫典範的轉移。

什麼是典範，就是我們是一群人基於共同的理念、價值觀，然後所形成的共識基礎下的一個知識架構。這樣講，就是有一點抽象；我以白話來講，典範是讓團體成員彼此或團體間，是能夠有互信、普遍性的價值觀。

我們可以透過共同的角度，來進行觀察。還有擁有一個共同的世界觀，然後這個觀念、共識，是牢不可破。

但是，真的是牢不可破嗎？他就談到另外一個觀念就叫做「典範轉移」。

因為典範會遇到一些異類的出現、時代的改變或是便利的衝擊，這在科學裡面是很常發生的，科學才會進步。在人文學科、宗教也是如此，當這個本來以為是牢不可破的共識，他受到挑戰、質疑後，然後那麼就會開始產生的變化，典範也會跟著改變，這個叫做典範的轉移。

當我們把典範跟典範的轉移放在儀典上來看的，儀典的典範化有沒有他的必要性，有它的必要性。也就是架構在我們每一個人所信的宗教的這個共同的信念跟精神之下，它會形成一個牢不可破的一個準則。

但相對來講，這個儀典他要不要與時俱進，它也一定要與時俱進。如果沒有與時俱進的話，最主要的就是沒有信眾、沒有信徒，找不到人來跟我們一起學習一起共修。

那麼這個「與時俱進」與否？我覺得有幾個條件所造成的。

1. 認知外在儀式及內在意理

就是後來的信仰者，能不能夠堅守最初儀典典範的認知。例如說我們今天看到在各教派當中都有不同的儀典，那麼最早主設立的這個儀典，後來的信仰者能不能去知道儀典的意義，還是它變成一個很抽象、還是只剩下形式的一個表現。

2. 思考客觀環境限制下的宣教方式

其次，就是講到如何思考因應外在形式跟環境的變遷。那就像我們現在面臨疫情時代，大家每個人都須戴口罩。依此類推，遇到客觀環境限制時，思考如何傳播我們的教義？

反思孔恩的典範與典範位移，用在關聖祭典（翻攝自網路）

比如說像台北的行天宮現在也不燒香、不燒金紙，還有剛剛所提到，就是工商社會所遇到的時效問題，那麼這些都會去改變原本儀典的內涵，來符合時代所需。

最明顯的例子：像婚顧行業的誕生，或的是殯葬行業的規範化跟體制化。在某個層次上，它確實簡化了婚禮喪禮跟祭禮的儀式，它符合了現在這個工商社會的一個求快速的步調。

3. 與時俱進的過程中保存儀典

再者，我想在這個與時俱進的現代化過程中，怎麼去保有這個儀典？現代化與傳統儀典彼此間的融合，我們是否能夠擁有這個共同信念。傳統儀典它又能符合過去及當代，不同時代信眾的信仰需求。我覺得這是一個很值得去思考的問題。

4.「聖凡雙修」符合過去與現代

最後，我想講一點蠻特別的現象，就是看到玄門真宗「聖凡雙修」，具「與時俱進」的意涵。我特別喜歡它裡面所提到的「聖凡雙修」，就是你要修德，但是你也要去顧及一般的生活與願望的滿足。

特別是在來本山之前，我上網看了一下玄門真宗的 YouTube，裡面內容真的是非常豐富。除了有玄門教尊的開示外，還有企業論壇、各種不同的演講。如古典醫學、經文解讀、生活方式討論等，這些都是很重要生活參考架構。

因為，很多人在信仰的過程當中，有些時候會過度求聖，但卻忽略了凡的生活的重要性。其實凡才是聖的基礎，缺乏了凡，又怎麼能夠去討論聖呢？您說是嗎？

第二次發言

在這過程當中，其實對我來講是一個學習，探索的一個過程。雖然我做學術研究，但大部分的時間都是在書齋裡，希望未來能夠走出來。

從作哲學，慢慢的到這個去看到一個宗教儀式的一個過程，這個過程當中去感受什麼叫做聖，去感受到這樣的一個宗教儀式的神聖感。對我來講是一個非常重要的，是很新奇的體驗。再次感謝這個機會，能夠來到我們玄門真宗跟大家交流，謝謝。

三點建議：觀摩祝聖儀式

中華龍華易研書道協會理事長 劉騫

我家五代，都是一貫道親。我讀基督書院畢業，到南非南華寺佛學院當中文、書法老師及佛光寺的總編輯。我跑了 20 個國家，本身單身、吃素，很自由。我讀萬卷書，行萬里路，這個古人說的道理。

我跟大家報告一些喜悅的事，其實我跟關公有緣。我在 20 幾歲夢到祂，然後 40 幾歲，它借一個人跟我下五子棋，所以我是我親自跟仙佛有接觸。另外，孔子、觀音菩薩都曾經跟我，各別開示兩個小時。

宗教可以滿足人的精神和靈魂的需要。因為我們宗教禮儀表現在外，有各種不同的形式，可是內心只有一個。就是內心的「敬」與「忠」，將它行於外。我們剛講到「三教合一」，但是，我以為就是「五教合一」。

剛剛教授有在講，我們在情理之外，內心以禮、誠為依歸。我綜整起來，儒家的「忠恕」，就是「存心養性」，執中貫一。道家就是「清靜」

為主，就是修心煉性、抱元守一。佛家是「慈悲」為懷，就是明心見性，萬法歸一。耶教以「博愛」為宗，是喜心怡性。回教就是「堅心」定性，清真返一，他的核心是清真。

所以我現在希望各位在座的教授，向政府高級長官提出 3 點建議：

1. 要正視宗教教育：所以說要從小學、國中、高中、大學的正規教育，要編列一個認識世界宗教的課程。

2. 宗教師福利政策：政府應對五教宗教師，有全方位照顧的福利政策。

3. 延聘宗教國策顧問：我們政府要在宗教的專業領域裡面去尋找國策顧問。

三教合一：比較、觀摩宗教祝聖

高雄意誠堂關帝廟　洪榮豊主委

因為鸞堂為「三教合一」宗教，所以，扶鸞時關聖帝指引，希望「儒、道、釋鸞宗」要發揮濟世救人之職志。三教要合一之意，就是說要「三教融合」。

鸞堂在經典上，常借用儒、釋、道三教的經典，補彼此不足之處。因為，有不足之處，所以才要三教融合。融合以後，引述各家經典來講述、教化，也比較方便、快速、週全。

佛曰：「不執著、去我執」。道曰：「道法自然」。儒曰：「人飢、己飢」。所以，三教各有其優缺點，才要三教來融合。今天，我們才有辦法去推廣「鸞文化」。

為了在「鸞文化」著墨，我們在今年辦理第九屆「全國扶鸞展演大會」。在2022年國曆10月9日（週日）在高雄意誠堂，歡迎大家來觀摩、指教。這是關老爺一再指定要做事情。

我們也是與時俱進，就像3C時代來臨，也是要與之結合，去做看看。未來社會朝向那裡？未來宗教如何？在我看來，宗教教育、教養的功能都是一樣，不會改變。

最主要是要思考：宗教對我們心靈上的慰藉，它對人類心靈上寄託的功效。我們要怎樣賦予宗教更多的元素，讓它帶給人的心靈平靜。所有宗教在此，都是一樣的目的。

在此，再次邀請大家10月9日，歡迎來到高雄意誠堂作客。

融合‧教化：比較宗教祝壽儀式

宇宙大愛文教基金會執行長　王派滄

我們談到「聖凡同修」的問題，個人覺得何謂聖？何謂凡？

1. 各盡其責即是修行

「凡」就是各行各業的在座各位，「聖」就是宗教的執事者。在社會各行各業當中，如果能夠好好的盡其本份，即是修行。

如律師有律師的規範與職業倫理；蓋房子的水泥工，有他職業論理。只有在他的職業上好好的在做，就是符合天道，就是在修，這個道就是大道，就是天心。

2. 宗教融合之方法

其次，宗教如何的融合？不同宗教有其特別的文化、背景、經典、科儀或濟世方式，因此，要彼此融合，並不容易。

不過，如果方法得當，融合就很簡單。例如：就是你辦一個大家所認可的活動，大家同意的目標。比如，在 5 年前的「護家盟」，就是台灣宗教愛護家庭聯盟，動員 200000 人上街頭，統一反同性戀婚姻。又如「反毒教育」，各宗教幾乎都同意，到各級

學校宣揚「反毒」。

所以，基本上要跨宗教的融合，就是你有共同的目標，相似「愛的連結」。這種愛的連結，是談，各宗教之間、宮廟之間的「宇宙大愛」。它帶大家彼此連結在一起，為社會盡宗教家的責任。

3. 宗教運用科技

再者，這幾天談得最多，我感受最深的就是：玄門真宗做的典範，它把教義中的「仁義禮智信」，用3C表現得淋漓盡致。這個是在目前道教界來講，是做不到的事，有作的，也只是鳳毛麟角。

這個目標的重點，應該是放在小朋友的身上。在我們休息區的一個大看板，內容核心是如何把小朋友教導好。裡面列了大概有30幾所的小學生，學習五常德，這令人非常感動。我們要淨化社會，如何淨化社會？如何得來淨化人心？最重要是要正本清源。

如何地正本清源？最重要是從小朋友幼稚園就要開始。反觀，我們現在的宗教，大部分都是重點在50歲以上或40歲以上的中老人。他們就好像一個池子，一直在淨化，但是，青少年人、兒童的源頭，始終是在那邊亂。

所以在此呼籲，在座的師兄、師姐、各宗教指導者，我們要正本清源，教化的重點應該是放在小朋友、年輕人身上。謝謝。

各盡其者，即是在凡中修聖

護家盟：尋找共同議題作跨宗教的合作與對話

儀式感：比較、觀摩宗教祝壽儀式

基隆代天宮常務委員　黃禎祥

個人在小學任教，所以我有一個小小的意見提供給大家。

所謂大人們來理解小孩子將來，跟我們最大的不同在哪裡。就是現在的小孩子他們要一叫「儀式感」，我們現在也在小學作儀式，但是我們做得再怎麼隆重，對小朋友來講他沒有感受到「儀式感」時，他就不會覺得你們的儀式，跟我什麼關係。

所以我是唯一的一個建議就說，假如我們還要發展我們的宗教，不管是那一宗教的那一種儀式，應該考慮參與者的「儀式感」。

因為我們自己當人家爸爸、老公、老婆，我們很喜歡說我們小孩子或者是另一半，有那個紀念日、情人節、父親節、母親節或是生日，有各種的儀式。

有時唱歌就算儀式，但是怎麼唱不重要，重點在讓小孩子可以體會到，他們所要的儀式感。這原則，希望我們將來在做宗教的時候考慮採用，謝謝！

Part6
關帝釋奠禮論文：
以礁溪協天廟為例

春秋兩祭・釋奠大典
遺留在民間

儒教遺風的傳承與轉化：敕建礁溪協天廟的釋奠禮

台灣宗教與社會協會理事長　張家麟

2017 年以前由礁溪國小學生跳四佾舞◆

壹、前言

　　儒教最具代表性、規模最大的儀典，非「釋奠禮」莫屬。

　　過去，對釋奠禮相關的研究，成果相當豐碩，著重在祭孔儀典上。其中，論述「儀式起源與內容」，（尹德民，1986.5：14-21；金聖基，2011.2：1-17）「明清兩朝釋奠禮與孔子崇拜」、（朱鴻林，1999.6：77-112；童千芬，2007）「釋奠儀式變遷」，（柳銀珠，2011.8：77-112）「祭孔釋奠禮的意義」，（宋惠如，2019.12：165-200；李焯然，2013.6，17-36）「釋奠儀式個案與比較」、（朱雲影，1966.4：19-30；趙榮光，2010.2：10 20；封從德，1998.12：1-11）「雅樂、祭品、佾舞、禮器、衣冠」（尹德民，2003.12：41-87；杜美芬，2002.9：33-35；林勇成，2002.9：29-30；尹德民，2001.3：33-56；尹德民，2001.6：39-71）等議題。

　　這些研究都以釋奠禮及祭孔為核心，用「文獻法」收集經典、正史、地方志

中與其相關的資料，作歷史學及詮釋學的分析。鮮少討論釋奠禮與儒教、民間宗教的相關性；也從未觸及釋奠禮在祭孔之外，祭祀其他神明的運用。

二次大戰之前，日據時代，台北鄉紳辜顯榮等人就用此儀典，在台北大龍峒保安宮祭拜孔子。保安宮在此歷史脈絡，乃用釋奠禮祭拜保生大帝、神農大帝。（王見川，2005）另外，新港奉天宮用釋奠禮、六佾舞祭拜媽祖；（李明仁，2020：395）苗栗獅頭山勸化堂用九獻禮（黃鼎松，2000：161-168），南投日月潭文武廟及敕建礁溪協天廟等廟宇，以釋奠禮祭祀關帝。（張家麟a，2020：21）

對於這種「儒教釋奠儀式民間宗教化」的現象，學界甚少討論其意涵、變遷、原因及影響。本人非常榮幸於2018年接受該廟委託研究，有機會觀察到釋奠禮祭祀關帝的現象，乃思考將相關的問題在本文中討論。全文聚焦在：1、協天廟釋奠禮的起源？2協天廟釋奠禮的人員組織？3、釋奠禮如何進行？4、釋奠禮「民間宗教化」的意義？

本文即是在這些問題作為研究主軸與框架。我嘗試解讀儒教與民間宗教在儀式的「宗教融合」現象，詳細剖析為何古老的儒教釋奠禮，出現在當代台灣社會民間宗教的關帝廟宇中；這些廟宇執事，他們引入採用釋奠禮的時代脈絡及用意。

貳、源起

一、清雍正皇帝

「釋奠禮」本與祭拜關公無關，到清雍正皇帝時，比照祭拜孔子的規格，遣官用此儀典至山西運城關帝廟、湖北當陽關陵、河南洛陽關林等三大祖廟祭拜關帝。從此，朝廷既用釋奠禮拜孔子，也用它拜關公。

考諸釋奠禮一詞的出處，最早出現在《禮記‧文王世子》；是指官方在兩種情形下，於太學之處的儀典。首先，學生入辟雍（太學）時，於春、秋兩祭釋奠於先聖、先師。其次，天子出征返國，或天子巡視學校，亦行釋奠禮。此時，與祭孔無關。

到了漢朝初年，漢高祖劉邦用「太牢禮」祭孔子，至漢武帝，獨尊儒術，罷黜百家。儒者地位躍升，孔子乃被尊為先師，又被尊為先聖，成為皇家帝王敬拜

的對象。到曹魏時期，魏齊王正始2年（241）首次命太常以釋奠禮祭孔子於辟雍，為釋奠祭孔之始。（柳銀珠，2013：39）東晉以後，此禮成為祭祀孔子的專用儀典；延續至今，兩岸政權依舊行禮如儀，用此禮祭孔。

本來釋奠禮是用來祭孔，怎麼會與祭祀關帝產生連結？這得從清雍正皇帝說起，在他奪得大位後，特別推崇關帝的儒教忠孝節義、仁義禮智信等性格。認為祂不只是「武聖」，尚具有實踐「文聖」道德律的風範。根據《大清會典》，雍正皇帝每年五月遣官致祭關聖帝君外，另外增加春、秋二祭，每年祭拜關公三次。於雍正3年（1725）封關帝曾祖為光昭公、祖父裕昌公、父成忠公，崇祀於北京官帝廟後殿。雍正4年（1726）於山西解州封關帝子弟為世襲的五經博士。（胡小偉，2005：503-504）

他要求官員在大陸三大關帝祖廟，比照山東曲阜孔廟、孔墓、孔林，為國家祭典所在。只是祭孔時，用三跪九叩禮；祭關帝，降了一級，行兩跪六叩禮，其餘祭拜規格雷同。到了咸豐時期，皆用三跪九叩禮祭拜山東夫子與山西夫子。將崇祀關帝的規格，提到至高地位。全國各地府州上行下效，修建、新修關帝廟，官方於春秋兩祭關帝。

敕建礁溪協天廟為台灣地區著名的關帝廟宇，其以「釋奠禮」拜關帝，即是在此脈絡下發展而成。沒有官祀釋奠禮拜關帝，就沒有民間關帝廟的釋奠禮。

二、碧霞宮及協天廟頭人引入

宜蘭是清領時期，台灣鸞堂的發源地之一。碧霞宮主祀岳武穆王，當年是由在地進士楊士芳、李望洋號召鄉民募建而成。他們在此堂扶鸞弘揚儒教道德律，兼修釋、道兩教宗旨；此時就以「三獻禮」祭拜岳王。根據耆老所言，約於民國48年（1959），協天廟接手碧霞宮前輩陳金旺、游如松的指導「三獻禮」及「武份舞」，暨集學樂團角青雅樂演奏，由首席舉辦釋奠禮。（蔡相煇，1997：41）從此，有釋奠禮的雛形。

到民國55年（1966），協天廟廢除管理人制，由林朝明擔任主委，接受徐桂台、張月娥、林萬榮、周明欽的建議，參考相關釋奠禮文獻及本地孔廟、大陸武

廟的祭典，創立專屬於協天廟的「武佾舞」，及春、秋兩祭的釋奠禮。（蔡相煇，1997：42；林以文，2005.11：85-122）佾舞由徐秀英指導，礁溪國中與國小學生擔任武生。樂隊由張月娥指導，由在地人士組成。之後，協天廟吟詩班、誦經團成立，人力資源更為充沛，加入釋奠大典的陣仗，成為樂生及禮生。

從全台各關帝廟祭拜關公聖誕的規模來看，協天廟動員的人數及祭祀牲禮，皆居於領頭羊的地位。此外，協天廟的釋奠禮，尚且傳承朝廷官式祭拜山西與山東夫子兩聖人的濃厚古風，具有儒教祭典的莊嚴、盛大意涵。

當然，我們知道：以「釋奠禮」拜關帝不是台灣關帝廟宇所獨有。我們在到大陸的山西運城、河南洛陽、湖北當陽、福建東山等祖廟，都可以見到大陸已經恢復「釋奠禮」拜關帝的傳統。

參、組織

一、廟方管理委員會動員

釋奠禮的人員組成，所需人員甚多；包含「三獻禮」的各類「禮生」，「雅樂」演奏時的「樂生」，跳「四佾舞」所需要「佾舞生」。

協天廟管理委員會從民國 50 年代至今，逐步發展此儀典，到 2019 年筆者的調查，它已經相當完整。現在該廟慶祝關聖誕辰，分別於農曆元月 12 日子時行春祭暖壽禮，6 月 23 日子時行秋季暖壽禮及 6 月 24 日辰時作秋季大典。一年三次舉行釋奠大典，成為該廟的年度重要祭典。為了順利推動此儀典，廟方成立釋奠禮的臨時組織，除了委員會 33 名成員投入外，動員廟外各界將近 200 人參與。由廟方邀請祭祀境內的八村領袖、廟宇義工、在地政治領袖、宜蘭礁溪鄉各機關、國中小學校長等代表，偶爾也有中央政府領袖前來與祭。（張家麟 b，2020：162-164）

由委員會負責規劃及執行，三獻禮的階級色彩甚濃，主祭官、陪祭官在前，是由最尊貴及次要尊貴者擔任。一年三度的釋奠禮，大部分由管委會的主委或副主委擔任主祭獻官或主祭獻生；當中央政府官員或在地政治領袖前來時，委員會就邀請他們擔任主祭獻官，主委則任陪祭官，以表禮遇與尊重。至於前來參加的

各機關代表、學校校長等貴賓，委員會邀請他們擔任陪祭官。

　　由於儀典相當繁文縟節且冗長，需要諸多禮生配合。通贊由廟方執事人員擔任，引贊生、讀祝生、通贊生、司鐘鼓生、香案生、神案禮生、啟扉生、進饌生、司盥洗生、司儀仗生、參香團引贊生、飲福受胙生，則由境內的八庄信徒、職員及志工負責。

一、召集樂生與佾舞生

　　釋奠禮是歷代帝王祭拜孔子及關帝專屬的儒教祭典，它由正獻官、陪獻官及禮生行「三獻禮」，國樂團演奏「雅樂」，16-64 名佾舞生跳「佾舞」；及按獻禮者的階級，決定採「太牢牲禮」、「少牢牲禮」、「饋食牲禮」所構成。（張家麟 b，2020：163）

| 2018-2019 年由礁溪國中跳四佾舞 | 吟詩班演唱「祝關聖帝君」曲 |

本廟國樂團王文章老師指揮團員演奏雅樂

協天廟早年的三獻禮並沒有專屬的國樂團，直到民國80年（1991）才由吳朝煌主委說服委員會成立。到了民國100年由游美華接任團長，發展41名的團員。在釋奠禮時，負責準備階段的演奏，典禮進行時的曲目演出。原本的雅樂只有演奏曲目，廟方在民國106年以誦經團為主題成立「吟詩班」，在三獻禮前，配合雅樂演奏，吟唱「祝關聖帝君」聖壽曲。在典禮進行時，由聲樂老師配合曲目，演唱激昂高亢的古典聲樂。

廟方從過去就接納武佾舞到關帝聖誕典禮中，最主要是以礁溪地區的中小學生為主，由他們擔任佾舞生。廟方長期資助礁溪國小及礁溪國中，校方回饋廟方，培訓佾舞生，參與春秋兩祭典。在孔廟看到的是「文佾舞」，在日月潭文武廟及礁溪協天廟則是「武佾舞」。每次儀典至少動員20人佾舞生，由指導老師帶領，配合釋奠禮的演出。

整體而言，協天廟的釋奠禮是由廟方管理委員會發動，透過其人脈網絡邀請地方或中央政府官員、各民意機關、學校代表與會。而在平時，他們就自己培訓國樂團、誦經團及義工，資助礁溪國民中小學培訓佾舞，讓他們分別擔任雅樂演出、各項禮生的工作及佾舞演出。晚近這幾年，廟方再培訓吟唱班，讓他們配合雅樂作傳統吟唱，使得釋奠禮前的準備階段，更顯神聖。

肆、進行

一、時間與空間

協天廟的釋奠禮於農曆正月12日子時、6月23日子時及6月24日辰時三個時段，在廟埕及正殿舉行。

的儀軌。可以分為「準備、開始」、「前奏」、「三獻」、「尾聲」等四個階段，30個細節舉行。（附件1）

二、準備、開始

依照古禮，吉時一到，廟方依傳統清空廟宇內部、關閉廟門。右側國樂團早已曲音繞樑，牌樓下方各類禮生、仗儀生及正獻官、左分獻官、右分獻官、陪獻官，男性著長袍馬褂禮服，女性著旗袍，「按部就班」等候。廟埕左側立貴賓席，

釋奠禮順序：1. 正獻生、分獻生、糾儀生排班　　　2. 鼓三嚴　　　3. 盥洗生立於盥洗台旁

邀請各界領袖觀禮、參拜。通贊宣告：「典禮開始～」，鼓聲咚咚，鐘聲齊鳴；鼓三嚴之後，現場鴉雀無聲。（張家麟 b，2020：164）

三、前奏

　　通贊再宣：「排班～」，眾人回應「班齊」。再宣：「樂舞生就位～」，樂團奏樂，麾生舞生緩緩步入廟埕天公爐前。再宣：「執事者就位～」，相關禮生就其定位。再宣：「糾儀官就位～」，引贊糾儀官盥洗後，走到三川殿下的高台。再宣：「陪祭官就位～」、「分獻官就位～」、「正獻官就位～」，隨著引贊各祭者盥洗後，就其廟埕位置。當所有祭者、舞者、執事、糾儀官都各就各位，現場一片肅穆。

　　此時，通贊再宣：「啟扉～」，啟扉生負責開廟門。再宣：「瘞毛血～」，由禮生將一小撮羊毛、豬毛送到廟埕地上，象徵已埋入土中。此時，雅樂團演奏「萬壽無疆」曲目。

　　通贊再宣：「迎神～」，6 名司儀仗生手擲長旗；44 名手擲各項法器、武器、宮燈，其中 2 名提著香爐，來到廟埕外緣迎神入廟。此時，樂團演奏「昭平之章」；

7. 2019 年宜蘭縣長林姿妙（中）任正獻官　　　8. 瘞毛血於牌樓下　　　9. 正獻官、分獻官迎神祭拜

4. 司儀仗生排班　　　　　5. 林建樑常務監察委員擔任糾儀官　　　　6. 分獻官許南山盥洗

通贊大聲宣：「全體肅立，行三鞠躬禮～」，所有會眾起立，向外迎神、行禮。

　　緊接著「司儀仗生」轉向請神入廟，列在拜殿兩側。

　　通贊宣：「進饌～」，立即由「進饌生」呈獻供品上神桌；雅樂團再次演奏「萬壽無疆」曲。通贊宣：「行上香禮～」，「引贊生」帶領正獻官、左分獻官、右分獻官及陪祭官盥洗後，入廟立在拜殿正中央及左、右兩邊的神桌前，以三柱香參拜，並行三鞠躬禮。過程中，雅樂團演奏「宣平之章」。（張家麟b，2020：165）

四、三獻

　　緊接著，通贊宣：「行初獻禮～」，雅樂團演奏「秩平之章」。廟埕佾舞生舉麾、節，隨樂起舞。正獻官、左分獻官、右分獻官獻上「帛」、「初獻爵」。禮罷；通贊宣：「行讀祝禮～」，雅樂團樂止。通贊宣：「全體肅立，行三鞠躬禮～」，所有會眾起立，向廟內行鞠躬禮。

　　通贊再宣：「行亞獻禮～」，雅樂團演奏「懿平之章」。廟埕佾舞生再次舉麾、

10. 進饌生進饌　　　　　11. 吳宏昱副主委行獻香禮　　　　　12. 吳朝煌主委行獻帛禮

13. 施朝鎮總幹事恭讀祝壽文

14. 行飲福受胙禮

15. 縣長行撤饌禮

起節，隨樂起舞。正獻官、左分獻官、右分獻官行「再獻爵」。通贊三宣：「行終獻禮~」，雅樂團再次演奏「懿平之章」。廟埕四佾舞生再次舉麾、起節，隨樂起舞。正獻官、左分獻官、右分獻官行「三獻爵」，再行三鞠躬禮。

三獻禮畢，通贊宣：「行飲福受胙禮~」，廟內由「飲福受胙生」逐一遞上宜蘭酒廠精釀的「紅露福酒」及酒杯內的一小條肉乾。供大夥飲福酒、受肉胙，象徵得到關帝庇佑及賜福。再行三鞠躬禮，感謝神恩。過程中，雅樂團再次演奏「萬壽無疆」曲。

通贊再宣：請陪祭官（貴賓）入廟內「行上香禮~」，並行飲福受胙；此時，正獻、分獻生隨引贊出場，陪祭官進入廟內上香、再行三鞠躬禮及感謝神賜福酒及肉胙。雅樂團再次演奏「萬壽無疆」曲。（張家麟 b，2020：166）

五、尾聲

釋奠禮至此已是尾聲。通贊再宣：「撤饌~」，由「進饌生」撤回祭品。雅樂團再次演奏「普天同慶」曲。通贊再宣：「送神~」，由「司儀仗生」送神至廟前，雅樂團再次演奏「德平之章」。通贊宣：「全體肅立，行三鞠躬禮~」，所有會眾起立，向廟外行鞠躬禮。

通贊宣：「望燎~~」；雅樂團再次演奏「奠帛之章」。「引贊生」帶領正獻官、左分獻官、右分獻官至燎所，「祭獻生」將疏文、金帛送到廟埕架好的金鼎中焚燒。此時，大夥面向廟埕，在通贊宣告下，集體向燎所行三鞠躬禮。

通贊宣：「復位~~」，「引贊生」帶領正獻官、左分獻官、右分獻官至廟埕定位；雅樂團樂止。通贊宣「闔扉~~」，象徵性的關上廟門。再宣「撤班~」，「引贊生」

16. 全體禮生祭拜關聖帝君　　　　　17. 行引福受胙禮　　　　　18. 行望燎禮：焚燒疏文與祭品

帶領正獻官、左分獻官、右分獻官及陪祭官、糾儀官退位。所有執事、樂生、舞生，依次序、按節奏退位。通贊宣「禮成～～」，由禮生「鳴炮」，圓滿整個儀式。

　　當貴賓祭畢，引贊帶領他們出來廟埕就定位。通贊再次宣告：邀請現場來自全台各地的信徒，分批入廟團體祭拜。由「飲福受胙生」逐一遞上福酒、一小條肉乾，分享神的福氣。（張家麟b，2020：167）

　　整體來看，本廟既保留傳統貴族不同階級、擔任主祭、分祭、陪祭的三獻禮；又邀請普羅大眾階級入廟參拜。前者隱含儒教「階級秩序」祭祀的特質，後者則有現代民主「眾生平等」參與祭拜的特色。巧妙的融合傳統、現代特性於「釋奠禮」中。尤其是，不分階級行飲福受胙禮，展現本廟親近民眾的特性。

　　當眾人祭畢，完成整個儀式之際；卻想起「祭如在，祭神如神在」之理。思考釋奠大典於望燎之後，把神送走，合適嗎？然而，依據傳統，通贊行禮如儀、不求甚解，將年復一年宣「送神」的戲碼！

伍、之餘

一、贈發財金

　　本廟從 2009-2020 年，在春季大典結束後，贈送「發財金」給參與的信眾，祝大家新年發財，新春如意吉祥！廟方為了突顯發財金意義，每年發送不同國籍的紙鈔當作發財金，便利信眾收存及保值。（附件 3）

二、四佾舞

　　本廟在 6 月 23 的子時及 6 月 24 日辰時，作兩次「秋季釋奠禮」。除了「雅樂」、「三獻禮」之外，於廟埕跳「武佾舞」。整個秋季釋奠禮，似乎比春季釋奠禮隆重。

表 6-1 2019 年本廟釋奠典禮執事人員表

釋奠禮		春季暖壽	秋季暖壽	秋季大典
祭獻官	正獻官	－	－	林姿妙
	分獻官	－	－	陳歐珀、許南山
祭獻生	正獻生	蘇嘉全	吳朝煌	－
	分獻生	吳朝煌、吳宏昱	吳宏昱、劉煥章、簡蒼明	－
陪祭官		管理委員與監察委員		各機關代表
糾儀官		林建樑		李清林
引贊生		林福順、林輝煌、林泰山、李建興、林榮峰、梁權、石永信、張木清、林貴模、林進發		
讀祝生		游清山、施朝鎮		
通贊生		林清祺、林基詮		
司鐘鼓生		吳堃懋、吳明忠、林永祥、林嘉銘		
香案、神案禮生		林碧雲、林玉庭、陳小鳳、周秀美、陳秀梅、林文清、蔡玉芬、林碧月、林正雄、林榮山		
啟扉生		林吉章、李耀南		
進饌生		楊美珠、蕭淑娟		
司盥洗生		孫佳如、陳麗美		
司儀仗生		陳清立、郭金土、林朝清、賴冠儀、林浴煌、黃魁城、石永義、李來枝、黃枝鴻 林乾益、林憲勝、游泗川、林義光、游枝波、林永興、徐振枝、吳生泉、林勇圭 曾建成、楊組垚、游禮長、林棟源、張旭輝、林錫財、陳光耀、賴傳安、游朝勳 李福宗、王如銓、吳枝獻、莊金川、林士平、吳文國、吳國財、蔡勝隆、賴進財 高俊義、胡芙客、吳志欽、吳詳宇、林栢通、林阿蒲、塗金塔、曹松功、林俊成 施建民、李松富、周清波、林清濟 、林清河、（謝武堅、林銀旺、林懷秋、林有義 藍明輝＊）		
樂生		本廟國樂團約 30 人		
佾舞生		－	礁溪國中學生約 20 人	
參香團引贊生		吳阿煌、沈振益、吳竹山、朱文彬、黃天助、林進登、林進天、林浴沂 林清正 （林正雄、林榮山、林朝明＊）		
飲福受胙生		林孟芬、葉美珍、張金治、黃玉燕、謝來蔭、月美燕、黃惠敏、胡秀梅、賴玉蘭、黃雅利、 呂阿桂、林淑雲、張芸甄、潘秋香、吳秋芬、盧玉春、（謝素如＊）		

備註：＊秋季大典的禮生

「四佾舞生」表演「武佾舞」，異於文廟的「文佾舞」。佾舞生裝扮成關家軍的武士，左手持「關」字樣的盾，右手拿短柄大斧；異於文佾舞生的文人，左手執籥，右手執翟。

本廟以「士大夫」規格的「四佾舞」，祭武聖人。而不採用「諸侯」規格的「六佾舞」及「君王」規格的「八佾舞」。除了廟埕空間有限，只能在容許 16 名佾舞生外；尚有一宗教傳統理由，在民國 50 年代，引進佾舞入本廟的儒者，深諳跳佾舞，不得「僭越」之禮。數十年下來，已經成為本廟嚴守份際的優良傳統。

表 6-2 礁溪協天廟歷年（2009-2020）發財金表★

年	生肖	幣稱	幣值	台幣值
2009	牛	美金	1 元	約 30 元
2010	虎	韓圓	1000 元	約 30 元
2011	兔	越幣（盾）	10000 元	約 17 元
2012	龍	柬幣（瑞蘭）	5000 元	約 36 元
2013	蛇	人民幣	10 元	約 46.7 元
2014	馬	印尼盾	10000 元	約 29 元
2015	羊	港幣	10 元	約 41.55 元
2016	猴	馬幣	5 元	約 44 元
2017	雞	新幣	2 元	約 44.92 元
2018	狗	比索	50 元	約 31.38 元
2019	豬	台幣	100 元	100 元
2020	鼠	泰銖	20 元	約 20 元

少牢禮 - 羊　　　　　　　　　　　　　　饋食禮 - 豬

三、兼具少牢饋食禮

本廟 6 月 24 日辰時的秋季大典，尚以「少牢禮」祭拜關帝。廟方執事於廟埕天公爐兩側，獻祭「羊」、「豕」、「鯉魚」各一，聊表虔誠之意。

考諸牲禮祭神的演化，孔子反對商朝以「人牲」，或立「俑」祭祀天神地祇、祖先。主張以牲禮取代之，而且依封建貴族階級之制，天子用赤牛 1 隻的「太牢禮」，諸候用羊 1 隻的「少牢禮」，士大夫用豕 1 隻的「饋食禮」祀神。

以本廟的牲禮規格來看，似乎採用諸候的「少牢禮」及士大夫的「饋食禮」。廟方執事理所當然的認定，「殺豬屠羊」才能彰顯祭拜關帝的虔誠，也就年年如此辦理！

四、施平安粥

本廟約在 1950 年代於春、秋兩季關聖飛昇日及聖誕期間，提供「平安粥」給參拜的信眾食平安，至今已有 70-80 年的歷史。

最早是由本廟分靈宮新店青潭明聖宮宮主柯金生與太太，從台北搭火車來這裡救濟，作點心給信眾吃。這項施粥傳統，歸功於這對虔誠的夫婦。直到他過世為止，才由廟方接手施食；也變成本廟兩大慶典前的特色。

每逢春祭大典前，農曆正月初 9 到 13 日，秋季大典前後 6 月 22 至 24 日都會

在廟埕施食平安粥。如果施食第一天為週一或週日，廟方貼心假日前來參拜的人潮，增加施食1-2天。另外，本廟舉辦、支援礁溪鄉公所的馬拉松、溫泉季等活動，也會作平安粥給民眾享用。

平安粥的粥品、食物類型頗多，除了傳統漢人的鹹粥外，也有酥炸祭神的鹹甜糕點，或是拌炒本地民眾喜歡的「大麵」。秋祭大典時，增加各項冰品甜點。為了應付洶湧而至的人潮，炒大麵多達3,000斤，鹹粥的稻米也達上千斤；至於糕點、甜點，無限量的供應虔誠百姓。

廟方配合政府的環保政策，於民國90年籌組施食平安粥的義工隊，逢慶典期間招集30-70人不等的義工，分組作粥、炒麵、炸糕點、作冰品及洗碗。（張家麟b，2020：170）

陸、意義

一、傳承儒教釋奠禮

原本官祀孔廟及關帝廟的釋奠禮，卻出現在民間宗教的敕建礁溪協天廟中。這是個非常有趣的宗教儀典複製及擴張的現象，協天廟頭人受儒宗神教、鸞堂－宜蘭碧霞宮頭人的影響，於民國50年代引入三獻禮及武佾舞，到60年代逐步發展成獻禮、佾舞、雅樂及春秋兩季的形式，到80年代自己培養國樂團，民國100年代培養吟詩班，擴張整個釋奠禮的內容。

協天廟一年3次採行釋奠禮祭拜關公：春祭暖壽於農曆元月12日亥時-13日子時舉行，只用三獻禮、雅樂、唱頌的方式。秋季暖壽於農曆六月23日亥時-24日子時舉行，用三獻禮、雅樂、唱頌、四佾舞的方式。秋季大典於農曆六月24日辰時舉行，則用三獻禮、雅樂、唱頌、四佾舞、少牢與饋食禮的方式。

三次釋奠禮的內容不太一致，是廟方領袖自行調整的便宜措施，比較完整的釋奠禮出現在秋祭大典中。在全台各地的孔廟或關帝廟，尚無一年三次辦理釋奠禮的個案，礁溪協天廟已經傳承、建構出該廟祭祀關公的特色。除此之外，用此儀典凸顯協天廟具有「敕建」的官方色彩，強化了該廟的「尊貴」地位。

二、兼具「少牢」、「饋食」及「四佾舞」之禮

　　天子行釋奠禮，牲禮用太牢，佾舞採八佾；諸侯勢力強大，行釋奠禮，牲禮用太牢，佾舞則採六佾；士大夫行釋奠禮，牲禮用饋食，佾舞行四佾。孔子曾批評魯國大夫季氏，用八佾舞祭先師、先聖，視為僭越，稱之為「是可忍也，孰不可忍也」？礁溪協天廟頭人在秋季大典中行「少牢」、「饋食」及「四佾舞」之禮，頗符合古禮的要求。因為他們經常邀請中央政府的院長及部長級的長官，或宜蘭縣縣長擔任主祭官，行少牢禮一點都不為過。

　　　至於採用四佾舞，除了與禮制相符外，尚有廟埕廣場空間限制的現實因素。在考諸歷史，祭孔的文佾舞生左手拿籥，右手拿翟；而在本廟與日月潭文武廟雷同，武佾舞生左手持「關」字樣的盾，右手拿短柄大斧。這可能是台灣地區關帝廟領袖自己的創意、複製而來。以清雍正皇帝祭關帝如祭孔子的禮節，理論上就應該採用文佾舞生，來表彰關聖的仁義禮智信品德。然而，本地官祀關帝廟在日據之後，就失去了朝廷命官祭孔的儀典。到了國府來台，重新恢復祭拜關帝，民間廟宇在釋奠禮中想當然耳的把關帝視為武將，而非實踐孔教道德律的聖人；乃發明了「武佾舞」取代原有的「佾舞」。

三、組織、動員能力佳

　　釋奠禮所需的成員高達百餘人，一般宮廟不容易承擔。敕建礁溪協天廟以台灣關帝廟的領頭羊自居，於 2000 年曾結合全省關帝廟成立中華關聖帝君弘道協會。在前賢引入釋奠禮後，不斷擴張廟際交陪能力，及廟內次級組織的建構。到

表 6-3 本廟春秋兩季釋奠禮主要內容表

釋奠禮	三獻禮	雅樂	唱頌	四佾舞	少牢、饋食禮	發財金
春季暖壽	∨	∨	∨	－	－	∨
秋季暖壽	∨	∨	∨	∨	－	－
秋季大典	∨	∨	∨	∨	∨	－

資料來源：本研究整理

2019 年筆者的調查，它有辦法邀請蘇嘉全立法院長參加春季暖壽典禮，邀請宜蘭縣長林姿妙擔任秋季大典正獻官，立委陳歐珀、宜蘭水利會會長許南山擔任分獻官。宜蘭在地教育界、農會、黨部、民間社團等各機關代表，都前來擔任秋季大典的陪祭官。

從民國五○年代以來，廟方管理委員會就投入了三次祭祀關帝的年度大典，對協天廟而言，管理委員會操作此儀式駕輕就熟。再加上廟方自行培養了誦經團隊、執事人員，擔任各類禮生。廟方未雨綢繆、逐步發展，到八○年代自行培養國樂團，擔任雅樂的演奏。在與在地的礁溪國小、國中合作，委請其老師代代相傳培訓佾舞生。由此看來，整個釋典典禮的人力資源，以廟方管理委員會為發動者，召集誦經團、國樂團、吟唱班等團隊，在與外部政教商各界結合，擁有扎實的人脈及組織。

四、融入民間宗教元素

在傳統官方祭孔的釋奠禮，看不到「施平安粥」與「發送發財金」。來到礁溪協天廟，每逢春季大典前，從農曆正月初九到十三；秋季暖壽及大典前後，農曆六月廿二至廿四日，廟方召集義工施平安粥、炸鹹甜糕、炒大麵或各項冰品、甜點，供香客享用。廟方的舉措，頗具人情味；足以吸引信眾在參與祭祀，凝聚人潮。

台灣諸多寺廟在農曆過年期間，皆有發送發財金當作母錢，祝福信眾各個發大財的習俗。而在本廟，於春季暖壽大典結束前，由主委或廟方執事，每年贈送不同國籍的發財金，讓信眾收藏、保平安、賺大錢。這項作為，從 2009 年迄今，已有 12 年。

五、階級與平等參與

釋奠典禮階級色彩甚濃，從三獻禮的正獻官、分獻官、陪祭官、會眾來看，或是從牲禮的規格、佾舞的規模來觀察，含有濃厚的「封建貴族階級」味道。在礁溪協天廟如法炮製、行禮如儀進行釋奠大典。然而有兩項作為，打破了這個階級觀念。

首先，祭孔的陪祭官、禮生與會眾，只能在大成殿外陪祭或觀禮，無法進入神殿朝拜孔聖人。其次，祭孔的飲福受胙禮，只有正獻官、分獻官在神殿中飲下福酒，享用胙肉，其餘的陪祭官、會眾，只能在旁觀禮。（黃典權，1966.6：27-28）

來到礁溪協天廟，釋奠典禮依階級、順序，行正獻、亞獻、終獻禮後，廟方同意陪祭官、全體禮生與會眾，分批進入神殿，依序朝拜關帝。同樣的，廟方也貼心的安排所有與祭者，有秩序的入神殿，行「飲福受胙禮」，每人喝一小杯「紅露福酒」，吃一小片「肉乾」。這種人人與祭、人人飲酒、人人吃福肉的作為，迥異於祭孔的階級觀；展現出漢人民間廟宇的「公共」、「親民」及「普羅」性格。

整體看來，礁溪協天廟依封建貴族的釋奠禮採行在先，在自己調整民間廟宇與信眾互動的性格在後。形成上下階級與平等立場的兩種融合方式，使得協天廟在祭拜關帝的典禮中，表現出既傳統又現代的特性，而這也是台灣地區民間宗教的包容性。

柒、結語

過去學界關注儒教釋奠禮聚焦於台灣本地孔廟的儀典，偶爾擴及到日本、韓國及大陸，鮮少學者關注民間宗教關帝廟與保生大帝廟宇也採用釋奠大典。本文用敕建礁溪協天廟釋奠禮的個案，來闡述釋奠禮在奠廟的源起、組織及進行。重點在於解讀民間宗教的關帝廟為何出現雷同於祭孔的釋奠禮，這種「儒教釋奠儀式民間宗教化」的內在意涵。

在觀察記錄訪問協天廟方執事人員後，發現協天廟引入釋奠禮有其地緣關係，深受「儒宗神教」祭祀岳武穆王的影響。清領時期碧霞宮領袖以三獻禮典祭拜岳武穆王，埋論上深受清雍正皇帝以來，祭關帝如祭孔聖的官方主張有關。不過協天廟的祭關帝的釋奠禮，並非一步到位。在引入三獻禮、雅樂後，到國府時期，增加佾舞，甚至添增吃平安粥，送發財金等民間宗教的元素，在釋奠禮在肅穆莊嚴儀式之餘，也有民間廟會熱鬧歡愉的色彩。

筆者以為，廟方領袖在釋奠禮的引入、內容、人員、組織、廟外人脈的建構

等項目，扮演舉足輕重的角色。歷任管理委員會主委逐步添加釋奠禮的內容，建構相關的次級組織，培養禮生、雅樂團。也與在地教育界結盟，培養佾舞生。使釋奠禮所需的人力、物力資源不虞匱乏，創造了「宗教領袖理念帶來儒教儀式民間宗教化」的法則（law）。

整體看來，協天廟傳承儒教釋奠禮，已經發展出自己的特色。甚至在民主化的風潮下，於維持階級的釋奠禮的儀典之外，同時採行了平等參與的祭拜禮儀，及飲福受胙禮。就此個案來看，充滿階級色彩的釋奠禮，來到當代台灣民主社會礁溪協天廟，產生了既維持階級，又希望平等參與的變化。

從本個案看出，清雍正皇帝官方祭拜關帝的傳統，在台灣民間宗教的廟宇中，傳承下來。放眼全台，只有少數關帝廟採行官式的釋奠禮；本個案，只是一個「異例」。未來或許可與日月潭文武廟、台北大龍峒保安宮、苗栗獅頭山勸化堂等民間廟宇的釋奠禮，作綜整性的比較研究。或許可以更深刻的解答，儒教釋奠典禮民間宗教化的差異，並論述變遷與形成差異之原因。

參考書目

（清）孔廣森，2013，《大戴禮記補注：附校正孔氏大戴禮記補注》，台北：中華書局。

尹德民，1986.5，〈祀孔釋奠禮原〉，《孔孟月刊》24 卷 9 期，頁 14-21。

尹德民，2001.3，〈孔子廟庭祀典故事（7）-- 祀孔釋奠「禮器、祭器」〉，《臺北文獻》135 期，頁 33-56。

尹德民，2001.6，〈孔子廟庭祀典故事（8）-- 祀孔釋奠衣冠〉，《臺北文獻》136 期，頁 39-71。

尹德民，2003.12，〈孔子廟庭祀奠故事 -- 祀孔釋奠樂制、樂章、樂譜〉，《臺北文獻》146 期，頁 41-87。

王見川，2005，《新修大龍峒保安宮志》，臺北：臺北保安宮。

朱雲影，1966.4，〈從釋奠典禮看日韓越之尊孔〉，《孔孟學報》11 期，頁 19-30。

朱鴻林，1999.6，〈明太祖的孔子崇拜〉，《中央研究院歷史語言研究所集刊》70 卷 2 期，483-530。

宋惠如，2019.12，〈「反本修古，不忘其初」：試論祭孔釋奠典禮之「文明」建構及其意義〉，《當代儒學研究》27 期，頁 165-200。

李焯然，201306，〈從《大學衍義補》看宋明學者對釋奠先師禮儀的討論〉，《明史研究專刊》17 期，頁 17-36。

杜美芬，2002.9，〈啟扉合樂獻太牢 -- 南北孔廟釋奠儀節〉，《傳統藝術》22 期，頁 33-35。

林以文，2005.11，〈試探礁溪協天廟祭典音樂〉，《人文及管理學報》2 期，頁 85~12。

林勇成，2002.9，〈金聲玉振舞籥翟 -- 臺灣孔廟釋奠佾舞〉，《傳統藝術》22 期，頁 29-30。

金聖基，2011.2，〈釋奠禮樂之起源與東夷文明〉，《儒教文化研究》15 期，頁 1-17。

封從德，1998.12，〈臺南與臺北祭孔典禮之比較〉，《大陸雜誌》97 卷 6 期，頁 1-11。

柳銀珠，2011.8，〈孔子之祀到聖孔釋奠禮－漢唐釋奠禮形成考〉，《儒教文化研究》16 期，頁 77-112。

胡小偉，2005，《護國佑民－明清關羽崇拜》，香港：科華圖書出版公司。

張家麟 a，2020，《華人宗教 GPS3》，台北：台灣宗教與社會協會

張家麟 b，2020，《關聖香火－新修敕建礁溪協天廟志》，宜蘭：敕建礁溪協天廟管理委員會。

童千芬，2007，《明清釋奠禮研究》，國立中興大學中國文學系所碩士論文。

黃典權，1966.6，〈臺灣孔廟釋奠儀注考〉，《臺南文化》8 卷 2 期，頁 21-35。

黃鼎松，2000，《獅頭山百年誌》，財團法人苗栗縣南庄鄉獅山勸化堂。

趙榮光，2010.2，〈中國孔廟釋奠禮相關問題的研究－中國曲阜、臺北孔廟及韓國首爾成均館釋奠禮比較〉，《孔孟月刊》48 卷，頁 10-20。

蔡相煇，1997，《敕建礁溪協天廟志》，宜蘭：礁溪協天廟管理委員會。

2019.2.17、2019.7.25、2019.7.26 至礁溪協天廟作釋奠禮的社會調查。

附件 1 宜蘭礁溪協天廟奠典禮流程

一、奠典禮開始

二、鼓初嚴（遍燃庭燃香燭）

三、鼓再嚴（樂舞生及執事者各序立丹墀兩旁）

四、鼓三嚴（引贊引各獻官至丹墀下立）

五、排班（主引答班齊）

六、樂群生各就位（樂生隨麾生、舞生隨節生、按轉班鼓節奏就位）

七、執事者各就位（按鼓節奏就位）

八、糾儀官就位（隨引贊到盥洗手後就位）

九、陪祭官就位（隨引贊就位）

十、分獻官就位（隨引贊就位）

十一、正獻官就位（隨引贊就位）

十二、啟扉

十三、瘞毛血（樂長唱：樂奏「萬壽無疆」）

十四、迎神（樂長唱：樂奏「昭平之章」，迎神入，通贊唱：「全體肅立行三鞠躬禮」）

十五、進饌（樂長唱：樂奏「萬壽無疆」）

十六、行上香禮（樂長唱：樂奏「宣平之章」，正分獻官盥手後，隨引贊香案前，上香、行三鞠躬禮，復位，「鼓一通」）

十七、行初獻禮（樂長唱：樂奏「秩平之章」，麾生生舉麾節，樂舞並起，正分獻官隨引贊，詣神案前行初獻禮、獻帛、獻爵，行三鞠躬禮，正引贊引正獻官詣香案）

十八、行讀祝禮（樂長唱：樂止，通贊唱「全體肅立」，讀畢行三鞠躬禮，樂長唱：樂繼奏「平之章」，舞生繼舞，「鼓二通」）。

十九、行亞獻禮（樂長唱：樂奏「懿平之章」，麾生節生舉麾節，樂舞並起，正分獻官隨引贊請神案前行亞獻禮、獻爵，行三鞠躬禮，「鼓三通」）

二十、行終獻禮（樂長唱：樂奏「懿平之章」，正分獻官隨引贊，詣神案前行終獻禮、獻爵，行三鞠躬禮）

二十一、管理委員會行上香禮（樂長唱：樂奏「懿平之章」，盥手後引詣香案前上香禮，三鞠躬禮）（或參香團）

二十二、飲福受胙禮（正獻官隨引贊設香案前飲福受胙，行三鞠躬禮，樂奏「萬壽無疆」）

二十三、徹饌（樂長唱：樂奏「懿平之章」，執事者徹饌）

二十四、送神（樂長唱：樂奏「德平之章」，通贊唱：「全體肅立」，通贊再唱：「行三鞠躬禮」）

二十五、捧祝帛詣燎所（鐘鼓齊鳴，讀者捧祝，進帛者捧帛各詣燎所）

二十六、望燎（樂長唱：樂奏「奠帛之章」，正獻官隨引贊詣燎所監送，行三鞠躬禮）

二十七、復位（正獻官隨引贊復位後，樂止）

二十八、闔扉

二十九、徹班（正分獻官、陪祭官、糾儀官相繼隨引退。執事、樂生、舞生依次按鼓節奏退）

三十、禮成（鳴炮）

附錄 1 玄門真宗為關聖帝君祝壽「文簡」

附錄 1-1 關聖帝君聖訓祝壽真實義（鸞文）

本院主席關聖帝君　登台

聖示：

本法脈之脈慶，於再去幾日便是慶贊之賀，諸賢生除應知為本席關聖帝君賀壽外，也應深明吾之「本願」，踏實而行，尤對法脈之慈之勝，更是應深研，如此賀壽祝贊、脈慶之行，也方達真實義也。是勉哉！

今夜吾也特為座下賢生等，示知聖脈法門之祝贊，應有之基本態度；吾說：對脈慶也或是吾聖誕之賀，必須有正確之認識，就是諸賢生且莫以為吾等列聖恩師，只要弟子等虔志來賀壽、敬禮為足，需知，吾入聖封神，早已脫登五塵六識之沾，對俗世之事、功名利祿果受等皆早放淡不生，但吾等為何又須門下等，知賀贊吾聖壽及脈慶之祝呢？其真實內涵就以借賀壽之舉，再再將吾之「精神」本義或脈令之「本願」「初志」，借賀壽祝慶之舉，提醒舉綱為宣之本意所在，因之，若吾之壽誕或脈慶之祝行，無入以上之本義，則為吾等所行之祝或為脈慶所贊之禮，一切皆枉然妄行，作執業之入無有功反造業是也。此點尤須座下門下生等深深了解（目下諸多宮院寺堂皆不知此義，反借吾壽辰或其他恩師之贊來大肆飽口腹之欲或攬財之用，害吾不淺也）。

又　如何可達真正之祝贊賀壽呢？方才吾指除應明瞭吾等列聖恩師之「本願」及法脈之「大志」外，身為門下生等更應力行吾等之本願來賀，力行本願就是將吾等列聖恩師之願志化為行動，一來自勉成就，二來以身行之教，力宣十方揚脈令之大志，因此，如深明吾之願，脈令之志，今啟案賀壽，焉有不知力行願心，為禮為贊之用呢？也就是吾之壽辰及脈令之贊，不要爾之厚禮，只要爾等之真心，自承自勉，力行願志之修，這就是給吾之厚禮也！

所以，為慶賀吾之贊及脈令之壽，一以六月廿四日起入四九戒期，以真實之精進行動為祝禮，二以禮斗了業消滅災愆之殊勝，三以渡九玄七祖，為自了業報恩之本，也借此行無畏施之功，來渡眾成就，這以精進、了業、報恩三大功課之行，方是入本脈行修願志之賀禮。

附錄 1-2 玄門真宗「祈願禮讚拜壽獻供科儀」- 引導文

　　台灣宗教信仰，具有多元化的色彩，一般人會把神明生日稱為神明生或叫做聖誕 。我們是一個多神信仰的寶島，一年四季經常都有神明聖誕祭典及慶祝活動。玄門真宗特有為「玄靈高上帝關聖帝君」祝聖儀軌極具莊嚴與神聖性，值得大家深入研究與探討。

　　玄門真宗拜壽獻供禮讚科儀，首先會恭請法師進場，接著恭向本脈教主玄靈高上帝行三鞠躬最敬禮，待法師、經生就位後，由主法行宣法旨科儀。儀軌內容為：主法頂禮後拿起經文虔敬宣讀「拜壽禮讚稟文」，祈請玄靈高上帝暨列聖恩師慈悲做主，祈願誦經科儀圓滿。在第一聲擊鼓中揭開禮讚科儀序幕，恭迎諸天聖神蒞臨，緊接著宣讀祝壽疏文，上章拜表，祈願在玄靈高上帝關聖帝君的慈悲教化下，能度修無量功德，護國佑民，庇佑風調雨順，國泰民安。更庇佑全國百姓等身體健康、財源廣進、闔家平安。

　　接下來誦唸祈願讚，意義為虔心祝壽祝禱，祈願護國佑民，庇佑群黎百姓安居樂業，借由祝壽儀軌來表達我們對神佛的寸寸心意，讚揚其聖德，並落實於生活中。

　　在進行祈願禮讚拜壽獻供科儀前需宣讀「聖壽祈願文」，接著為：

　　一、獻香讚，其意義為讚誦聖神仙佛教法之殊勝，並表達最虔敬的心意，誦揚其神威顯赫。

　　二、獻花讚，其意義為表達對恩主的奉獻與感恩，另一層面則為祝賀教門道務昌隆。

　　三、獻燭讚，其意義為點燃自性心燈，讓自我內外澄澈，並祈願恩主能恩賜光明、普渡眾生。

　　四、獻茗讚，其意義為香茗修供，法水潤澤十方法界，佑濟昭靈，使生命得到淨化，靈性得以光明。

　　五、獻酒讚，其意義乃為提醒大家，嚴守道德紀律、保持身心清淨，災消厄解，實踐恩主五常德精神，弘光法義。

六、獻果讚，其意義代表修善因得善果，提醒大家要深信因果、心存善念、行功建德，以示正導人心。

七、獻帛讚，其意義代表禮敬聖神、叩謝神恩，祈請庇佑眾生，常養福慧、地方祥和、永享萬年。

再來正式起誦「祝願禮讚真經」，其意義與內涵為告知諸賢生，除應以虔敬的心，行祝讚慶賀外，應該深入明白神佛慶典的意義，尤其對諸仙佛的「本願」更是應深入研修，賀壽祝讚，才能達到真實的意義。

真實內涵就是要借賀慶祝壽之舉，將諸仙神聖佛的「精神」本義及「初志」，提醒舉綱為主軸的本意所在。期勉大家不但要明瞭諸仙神聖佛的「誓願」，更應該要將諸仙神聖佛等的教法，落實於生活中，一來自勉成就，二來以身作則，三來力行恩師教化十方之大志，將五常德願志之修，努力成就，這才是給諸仙神聖佛等列聖恩師最佳的祝壽厚禮。

最後，宣讀「皈證圓融國度祈願文」，行作三皈依後，進行功德迴向，接著再恭向本脈教主玄靈高上帝暨列聖恩師行三跪九叩最敬禮，恭送法師退場，完成此殊勝的拜壽獻供禮讚科儀。

附錄 1-3 恭祝 玄靈高上帝《關聖帝君》聖壽疏文

伏　以

關廟巍峨　俎豆馨香酬帝德

聖恩顯赫　威靈教化正人心

今　據

中華民國台灣省＿＿＿＿＿＿＿＿＿＿＿＿＿＿＿＿＿

玉線　玄門真宗法脈　＿＿＿＿＿教尊玄興率院主　副院主　修士　恩主護道會會長

副會長　會員　善信等

恭　逢

玄靈高上帝《關聖帝君》聖壽佳辰　謹具鮮花素果之儀　聊表恭賀祝

贊之忱

疏文曰：

時歲流遞　荷蒙玄靈高上帝《關聖帝君》慈悲　諄諄

教誨　指引迷津　聖德宏施　教渡修士　門下生　善信　大慈大悲　聖恩宏大

今　逢

玄靈高上帝《關聖帝君》聖壽佳辰　眾等虔備清茶　素果

壽香　壽桃　壽麵　虔誠禮祝 玄靈高上帝《關聖帝君》

聖壽　萬壽無疆　伏　望

玄靈高上帝《關聖帝君》恩師　慈悲教化　渡修無量功德

神靈顯赫　護國護民　庇佑風調雨順　國泰民安　五穀豐登 六畜興旺 四時吉慶

更佑眾修士門下生善信等　身體康健 事業如意 財源廣進　男添百福　女納千祥

謹疏

上申

天運己亥年六月廿三日吉時

玉線玄門真宗教脈

教　尊　玄　興

沐恩修士 門下生 善信：

附錄 1-4 恭祝 玄靈高上帝「關聖帝君」聖壽 祈願疏文

伏　以

聖 恩 浩 蕩 恆 施 慈 德 護 群 生

帝 澤 巍 峨 廣 被 仁 風 沾 萬 物

今　據

弟子：＿＿＿＿＿＿＿＿＿＿＿＿　　恭　逢

玄靈高上帝「關聖帝君」聖壽佳辰　謹以虔敬感恩讀祈願文之儀

聊表恭賀禮祝之忱　　　疏文曰：

時歲流遞　荷蒙　聖帝慈悲　諄諄教誨　指引迷津

聖德宏施　教渡修士門下眾等　大慈大悲　聖恩宏大

慈悲偉大的玄靈高上帝「關聖帝君」呀！

每當我仰望您的尊容時，我的心靈感到安住自在；祈求您以弘誓攝我，祈求您以悲願度我。

讓我能擁有您的忠孝節義，圓通自心得生命的方向及引渡眾生，

讓我能擁有您的仁慈感化，學習慈悲祈求諸事順利；

讓我能擁有您的義魄教化，學習圓融及引渡眾生；

讓我能擁有您的禮遵威儀，自我調伏邪心及威儀眾生；

讓我能擁有您的廣大智慧，能警醒自我愚癡，得大智慧引渡眾生。

讓我能擁有您的信行精進，自我成就一生得引渡眾生

祈求您以慈雲覆我，讓我能學習您利濟群生的大慈悲

慈悲偉大的玄靈高上帝「關聖帝君」呀！

請求您接受我至誠的祈願與虔敬禮祝

聖壽無疆　萬壽無疆　　　　　　　伏　望

玄靈高上帝「關聖帝君」恩師

慈悲教化　渡修無量功德　神靈顯赫　護國護民　庇佑風調雨順　國泰民安

五穀豐登　四時吉慶　更佑弟子眾等　身體康健　事業如意　財源廣進

男添百福　女納千祥　謹疏祈願

　　天運　　年　　月　　日 吉時

　弟子　　　　　　　　　一同九叩　上申

附錄 1-5　為　皈證　圓融國度　祈願文

今　　　據

弟子：　　　　　　　　　　　　　為　皈證　圓融國度　祈願事

恭　　　詣

玄靈高上帝暨列聖恩師

本宅家神　　　　　　　暨列位恩主恩師之尊前。

修文恭稟　　祈　願

慈悲偉大的玄靈高上帝暨列聖恩師呀！

今天我要真誠發願為皈證圓融國度祈願

我深深體悟人世間的一切　生老病苦死　塵緣　皆是無盡的輪迴

因此我要虔敬祈願建立一個聖凡雙修，來去自在不再輪迴的皈依國度

祈願盡最大力量能夠營建一個報孝恩　無所缺欠的圓滿淨域

祈願盡最大的願心為我累世冤親恩師建立一個了業　成就無冤無結的安樂國度

更祈願以最大努力為自己建立一個聖凡精進　生死皆無礙　超生了死的皈依圓融國度

祈願慈悲的玄靈高上帝諸聖仙佛呀！

我要虔誠向您祈願　　從今能生無上的智慧，能徹底悟醒過去一切

能在恩主恩師的圓融國度教化下，從今一切圓滿無礙

　　祈願在圓融國度中歷代祖先冤親等一切因果業報‧無常業力皆能圓滿

　　祈願在圓融國度中世間塵緣皆能圓融化解

　　祈願在圓融國度中能圓融無礙　生老病苦死的苦執皆能減除

　　祈願在圓融國度中能圓融無礙　不再有功名利祿恩怨情仇罣礙

祈願慈悲的恩主暨諸天聖神仙佛您能加被

懇求諸聖仙佛慈悲賜與我的祖先親眷等罪業消滅，皈註圓融國度有份

祈願護持圓融國度聖地，虔敬功德迴向，使冤親債主得渡　冤消厄解得度有份

祈求准證圓融國度，得依恩主恩師誓願修行能皈復本命，應三世因果能一世清了

大慈大悲的玄靈高上帝暨列聖恩師呀！

請您接受我至誠的祈願迴向　　請您接受我至誠的祈願迴向

　伏　冀

慈悲偉大的玄靈高上帝『關聖帝君』暨諸聖仙佛！

懇求您鑑此愚忱　據情啟奏　得消前愆　加持庇祐　平安納祥

無任懇禱之至　瞻仰之至！

天運　　年　　月　　日　　　　　　　　　　　　九叩

上申

附錄 2 參與名單

附錄 2-1 參與線上學術會議名單

1. 鹿港慈惠堂 蔡光明主持
2. 天宙和平統一家庭黨主席 許惠珍博士
3. 三芝智成堂 葉雲清正鸞手
4. 高雄意誠堂 洪榮豐主委
5. 臺灣省道教會 林明華副理事長
6. 中國真佛宗密教總會 王醴秘書長
7. 中國儒道研究協會 王祖淼名譽副理事長
8. 中華民國天道總會 洪瑞儒點傳師
9. 中華民國天道總會 丁明泉秘書長
10. 中華武當玄天上帝文化傳承協會 盧柏宏理事長
11. 中華桃園明聖經推廣協會 黃國彰理事長
12. 仁美合善堂 王清見總務
13. 天主教新竹教區大溪聖方濟天主堂靈修中心主任 黃敏正神父
14. 天德聖教台南市念字聖堂 胡萬新董事長
15. 天德聖教念字聖堂 毛帝勝博士生
16. 木柵指南宮資深文膽、太平洋日報 張寶樂社長
17. 世界和平統一家庭聯合會彰化分會會長 蔡瓊如會長
18. 台中聖明堂 朱錦萍主持
19. 先天一炁玄妙宮 妙慧宮主
20. 全球和平聯盟台灣總會 陳拓環副理事長
21. 合善堂王淑珍副堂主
22. 宇宙大愛文教基金會 王亭之指導長
23. 宇宙大愛文教基金會 王派滄執行長
24. 昊元仙宗理事長／台中天主教宗教交流委員 江台安博士

25. 東隆宮　吳崑源總幹事

26. 武聖宮　陳白逢宮主

27. 花壇聖惠宮　馬友銘主持

28. 金瓜石勸濟堂　林欽隆總幹事

29. 南投福隆宮　姚瓊島總幹事

30. 拱北殿　陸淑雅副總幹事

31. 耶穌基督後期聖徒教會台灣區公共事務主管　陳美幸

32. 耶穌基督後期聖徒教會台灣區公共事務助理主管　劉仁揚

33. 財團法人山達基教會人道計畫辦公室　莊凱仲主任

34. 慈德慈惠堂　陳瑞寶堂主

35. 財團法人屏東市聖帝廟慈鳳宮　鄭宇伶總幹事

36. 高雄市道學研究協會　李勝利道長

37. 基隆代天宮　李劉傳總幹事

38. 高旗老師

39. 基隆代天宮　周書翔委員

40. 基隆代天宮圖書館　劉達霖管理員

41. 梓官善化堂　劉振華總理

42. 苗栗獅山勸化堂　黃錦源董事長

43. 理教總公所　胡文中總執行長

44. 彰化溪州覆靈宮　羅進興副主委

45. 鹿港慈惠堂　蔡光明主持

46. 無極玉玄宮　謝彥志主委

47. 無極御令合發宮　陳俞嬉宮主

48. 猴硐福隆應妙壇　潘政鵬道長

49. 瑤皇宮明義堂　鄭智芬師姐

50. 大潭保安宮　蘇榮利總幹事

51. 艋舺協天廟　簡世富主委

附錄 2-2　參與實體展演宮廟團體

1. 佳里金唐殿

2. 中華天帝教總會

3. 天台山中央靈修院

4. 中華玉線玄門真宗教會

5. 先天一炁玄妙宮（中華玄妙展望慈善協會）

6. 財團法人天德聖教念字聖堂

7. 財團法人山達基教會

8. 天主教隱修會

9. 聖惠宮

10. 中華國際嘎檔巴佛教總會

附錄 2-3　參與實體學術會議名單

1. 彰化福山宮　主任委員賴振邦

2. 宇宙大愛文教基金會　王派滄執行長、王亭之指導長

3. 天宙和平統一家庭黨主席　許惠珍博士

4. 中華民國天道總會　吳小奇主任

5. 高雄意誠堂　洪榮豐主委

6. 斗六福興宮　陳保興主委

7. 耶穌基督後期聖徒教會台灣區公共事務助理主管　劉仁揚

8. 財團法人北港朝天宮　蔡咏鍀董事長

9. 財團法人山達基教會公關科長　彭玉玲

10. 天德聖教念字聖堂　胡萬新董事長

11. 天主教隱修會　陳瑞雄神父

12. 台中天主教宗教交流委員　江台安博士

13. 基隆代天宮　黃曾祥常委

14. 嘉義玉闕代天府　許振芳堂主

15. 台中天主教宗教交流委員　江台安博士

附錄 3 花絮 ：各宗教祝聖科儀展演

佳里金唐殿 1

佳里金唐殿 2

中華天帝教總會 1

中華天帝教總會 2

天台山中央靈修院 1

天台山中央靈修院 2

先天一炁玄玅宮 1

先天一炁玄玅宮 2

財團法人天德聖教念字聖堂 1

財團法人天德聖教念字聖堂 2

財團法人山達基教會

天主教隱修會

聖惠宮 1

聖惠宮 2

中華國際嘎檔巴佛教總會 1

中華國際嘎檔巴佛教總會 2

國家圖書館出版品預行編目資料

大道向前行Ⅱ：宗教祝聖儀軌／陳桂興總召、張家麟總編
　—第一版——臺北市：宇河文化 出版；
　紅螞蟻圖書發行，2023.01
　面　；　公分——(玄門真宗；15)
　ISBN 978-986-456-328-9（平裝）

　1.CST: 宗教　.CST: 信仰

210.111　　　　　　　　　　　　111016858

玄門真宗 15

大道向前行Ⅱ：宗教祝聖儀軌

總　　　召／陳桂興
總　　　編／張家麟
發 行 人／賴秀珍
總 編 輯／何南輝
校對整理／柯貞如、紀婷婷、陳裕昌、蘇倍民
美術構成／沙海潛行
出　　　版／宇河文化出版有限公司
發　　　行／紅螞蟻圖書有限公司
地　　　址／台北市內湖區舊宗路二段121巷19號(紅螞蟻資訊大樓)
網　　　站／www.e-redant.com
郵撥帳號／1604621-1　紅螞蟻圖書有限公司
電　　　話／(02)2795-3656（代表號）
傳　　　真／(02)2795-4100
登 記 證／局版北市業字第1446號
法律顧問／許晏賓律師
印 刷 廠／卡樂彩色製版印刷有限公司
出版日期／2023年1月　第一版第一刷

定價520元　港幣174元

ISBN 978-986-456-328-9　　　　　　　　Printed in Taiwan